個人事業ではじめる

アパート・マンション経営がぜんぶわかる本

山端康幸 編

東京シティ税理士事務所 著

《改訂新版》

さ出版

◆はじめに

1年定期預金の金利0・15%（2024年9月）。

1000万円を1年預けると税引き後の利息は、1500円にしかなりません。

このような低金利では、ついつい生活のために預金を崩す必要に迫られてしまいます。

この低金利時代に注目されている投資方法があります。それが、アパート・マンションの賃貸経営です。アパート・マンション経営は夢と希望のあるすばらしいビジネスです。

その理由を挙げてみると……

★アパート・マンションの元本（不動産）は、地球上から絶対になくなりません
★アパート・マンションは、1年中休みをとらずに働く忠実な従業員です
★アパート・マンション経営は、堅実なインフレ対策とデフレ対策です
★アパート・マンション経営は、時代の最先端を行くトレンドビジネスです
★アパート・マンション経営は、節税の優等生です
★アパート・マンション経営は、管理を効率化すれば高利回りを実現します
★アパート・マンション経営は、相続税対策そのものです

いかがでしょうか。これから相続対策用にアパートを購入しようと思っている、空いている敷地にマンションを建てようとしている、あるいは、すでに事業を始めている、そのような皆様が、アパート・マンション経営で成功されることを願い、書かれたのが本書です。

ただし、利回りや節税を重視することは大切ですが、ビジネスである以上、そのベースとなる堅実な計画と運営を忘れてはいけません。加えてさまざまな届出をしたり、帳簿に記帳をする、確定申告をすることも重要な仕事です。

ですから、本書はこうした実務面での取り組みにも重点を置き、一方で読者がそのような実務にあまりわずらわされることなく、効率的に取り組めるようまとめられています。

ぜひ本書を、皆様の夢の実現のためにご活用ください。

「アパート・マンション経営はすばらしい！」

読み終わった後、このように感じていただければ幸いです。

著者

第8章 1年間のアパート・マンション経営のまとめです 決算と確定申告を行いましょう

プロローグ

アパート・マンション経営は堅実なビジネスです

▼アパート・マンション経営はインフレにもデフレにも強いビジネスです

今から50年ほど前から、日本経済は１９７０年代の変動為替制への移行とオイルショック、１９８０年代は日本経済最盛期、１９９０年代のバブル経済を頂点に、その後のデフレ経済、２００８年リーマンショック、そして近年の物価上昇と、多くの経済的出来事を経験して来ました。13ページをご覧ください。アパート・マンションビジネスを50年の推移でみると興味深いデータが見えてきます。

この資料は１９７０年を１００としてみた場合の消費者物価指数、家賃の指数、土地価格、建物価格です。まず家賃については、直近の物価急騰局面を除けば、全体的に消費者物価指数以上に家賃が上昇していることがわかります。土地価格は六大都市圏と地方との格差がありますが、六大都市圏の土地価格上昇は消費者物価指数の上昇率を上回っています。建物価格の上昇は土地価格の上昇を上回る勢いです。足元では輸入資材の高騰や人手不足の影響により上昇率はさらに拡大しています。１９７０年代に比して建築基準法が厳格化し、設備の高級化も建物価格上昇を後押しします。今後は省エネ性能基準が厳しくなることが予想されており、建物価格の更なる上昇を見込まねばならないでしょう。

▼アパート・マンション経営は将来も期待できるビジネスです

日本経済は長年デフレと言われていましたが、消費者物価は長期的には上昇していました。そして家賃は消費者物価以上に上昇してきました。とりわけアパート・マンションの家賃は、コロナ禍で店舗・オフィスの賃料が下落していた場面でも、堅調に推移してきたと言えます。六大都市圏の土地価格の上昇は地方にも浸透し始めています。アパート・マンション経営がインカムゲイン、キャピタルゲインとも期待できるビジネスということが証明されました。

今後、建築価格上昇分を家賃に転嫁することが課題となりますが、所得の上昇とより高級化を指向するニーズをうまく取り込めれば解決できそうです。

物価、家賃、土地価格、建物価格の関係は？

	消費者物価指数		土地価格		建物価格			
	総務省統計局		(一社)日本不動産研究所		国土交通省			
	総合	家賃	全国	六大都市圏	木造・木骨モルタル	鉄筋・鉄骨コンクリート	鉄筋コンクリート	鉄骨
1970	100.0%	100.0%	100.0%	100.0%	100.0%	100.0%	100.0%	100.0%
1980	236.9%	216.2%	281.2%	319.0%	330.4%	275.1%	302.3%	322.2%
1990	290.0%	299.4%	533.5%	1125.3%	470.4%	528.0%	519.6%	564.8%
2000	314.9%	341.9%	464.3%	514.2%	567.9%	376.2%	425.6%	506.9%
2010	306.8%	333.4%	307.7%	395.3%	558.9%	416.9%	480.0%	624.5%
2020	323.6%	324.7%	279.1%	414.2%	614.3%	514.2%	645.5%	882.0%
2023	341.7%	324.7%	281.8%	418.6%	728.9%	675.3%	732.6%	1077.0%

第1章

これだけは知っておきましょう
アパート・マンション経営の基本

アパート・マンションは、建てればすぐ賃料が入り高利回りを実現するかといえば、そうではありません。収益や戦略等、これだけは覚えておきたい、経営のポイントを押さえましょう。

1 これからは「値上がり益」より「投資利回り」を重視しましょう

▼投資してどれだけ利益が上がるかを見極めてください

アパート・マンション経営は決して新しいビジネスの手法ではありません。古くは落語に出てくる八っさん、熊さんが住む長屋も賃貸住宅です。都市に人が集まり、その住まいの形態の1つとして生まれてきたのがアパート・マンションだと言えるでしょう。

この歴史あるビジネスに、今、変化が訪れています。

まずは「大家と言えば親も同然」から「店子《たなこ》がお客様」という意識の変化です。

「お客様」のためのビジネスとしてアパート・マンション経営を考えなければいけません。

そして、これまで、不動産投資と言えば、なるべく知名度があるところ、駅から近いところなどに土地や建物を所有し、その値上がり益を期待するのが一般的でした。

ですから、バブルの頃に多額の借入をしてテナントビルなどの収益物件を建築したものの、バブル崩壊によって不動産相場が下落して散々な目にあった人が少なくありませんでした。

その後遺症もあってか、しばらくの間アパート・マンション投資は下火になります。

ところが、九〇年代の終わりから、外国のファンドマネーが、この賃貸経営に目をつけ始めました。賃貸不動産が生み出す家賃収入の投資利回りが、バブルの崩壊で下がったその土地建物の金額より高い点に注目したのです。これが「不動産証券化」の始まりでした。

それまでの日本の不動産投資の手法が「値上がり益」を重視していたのに対し、彼らは「収益還元益」に着目しました。つまり預金や株式、ファンドなどのように投資利回りを重視したのです。この「不動産証券化」の流れの中で発売されたＪ－ＲＥＩＴ（不動産投資信託）は、投資家から資金を募り賃貸不動産を購入し、賃料収入や転売益で得た収入を配当するもので「超低金利時代」の日本において運用実績がよく、人気の金融資産になっています。

このように不動産投資の手法が「所有」から「利用」へと変化する中、これから賃貸経営を始める人、すでにアパート・マンションを所有している人にも発想の転換が求められています。

もちろんよい立地の不動産を持つことは重要です。

ただし、「投資額」に対して「利益」がどの程度見込めるかを厳密に計算することを忘れてはいけません。アパート・マンション経営は、はじめに大きなお金が必要になり、その回収には時間がかかります。そのときどきの時代背景の変化、入居者のニーズに常に着目して柔軟に対応することが求められているのです。

2 いかに収益を上げるかを考えましょう

▼アパート・マンションを持つことは立派な事業経営です

少し前まで、アパート・マンション建築と言えば、大地主さんが、相続税対策のために、または固定資産税を抑えるために行うのが主流でした。

つまり、所有している土地の相続税や固定資産税の課税を軽減し、ご先祖様の財産を維持するための「手段」として利用したのが、アパート・マンション建築であったわけです。

したがって、アパート・マンションは税金対策という側面が強く、その収入についてはとりあえずローンが返済できて管理費用が稼げればよいという程度に考えられていました。

しかし、大家さんがあまりに相続税対策、固定資産税対策に目を奪われ、肝心な「収益性」を軽視しすぎたため、これが空室の増加につながってしまっていたのも事実です。

これからの賃貸経営は過去の「税金対策」の発想からの脱却が必要です。

いかに「収益性」を上げるかを考えなければいけません。

経営意識が求められている

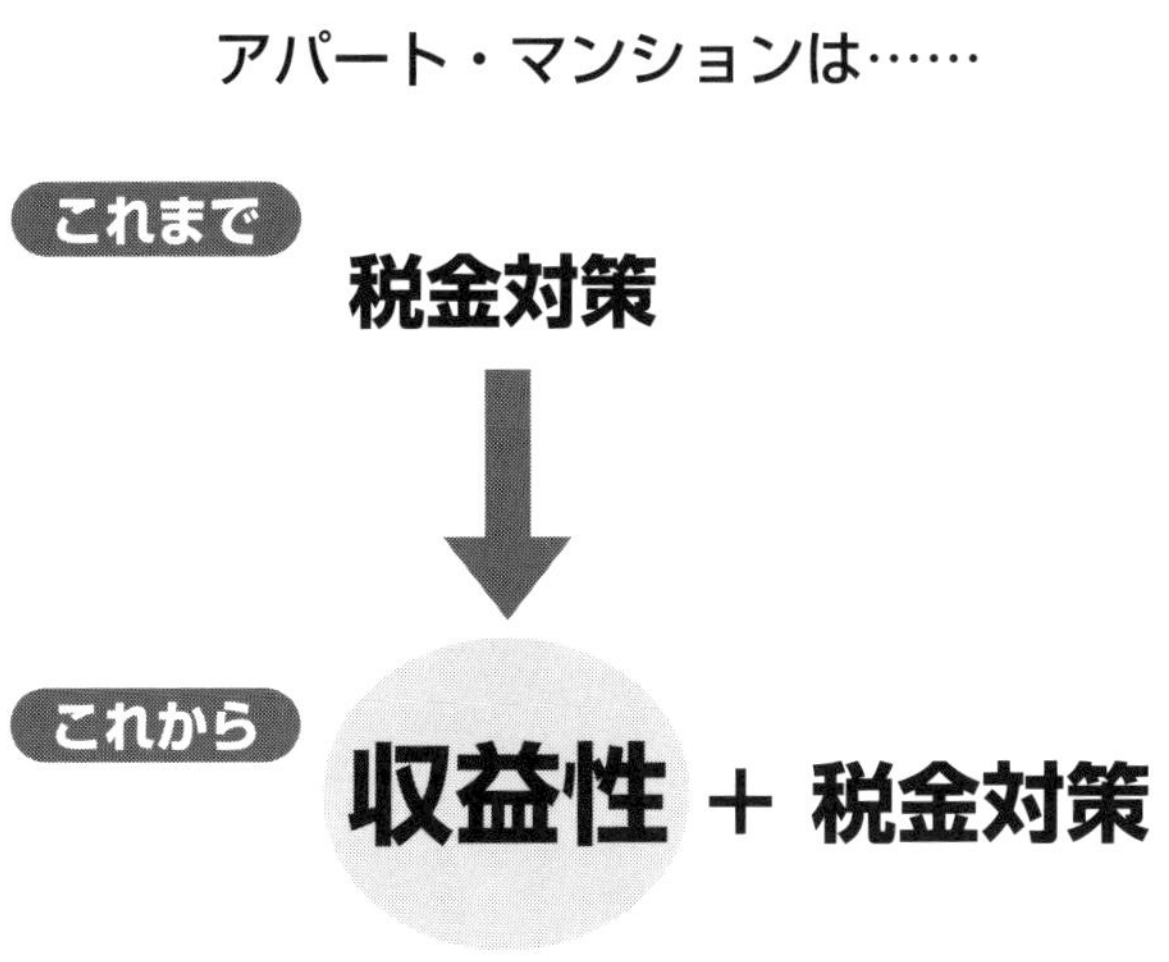

　それはある意味、会社経営に通じるものがあります。会社の経営者は資金と人材を投入して「収益」を上げることに日々努力しています。

　賃貸経営はどんなに安くても何千万円、場合によっては何億円もの資金を投入し、それを何十年の長期間にわたり回収していく立派な事業です。

　このような投資をする前に十分なリスク分析をせず、ただ他人任せにしていたのでは、いい結果がもたらされるはずがありません。

　アパートを持つ人自らが「経営者」としての自覚を持ち、投資リスク分析をし、最善の経営を行うことが大切です。

3 損益と資金繰りの見通しを立ててください

▼損益予定表と資金繰り予定表をつくりましょう

アパート・マンションを持つことは立派な事業であり、経営です。であるならば、毎月の家賃収入から費用がいくらかかり、いくら儲かるかを予測計算しなければなりません。同時に、その儲けから借入金の返済をして、どのくらいのキャッシュが残るかも予測計算する必要があります。

前者が記載されたものを**損益予定表**と言い、後者が記載されたものを**資金繰り予定表**と言います。2つの予定表のどちらも赤字になることは許されません。

損益予定表と資金繰り予定表をつくるために、まず次の点を明らかにしましょう。

①アパート・マンションの建築コストがどれだけかかるのか
②建築コストをどのようにして調達するのか（自己資金か借入か）
③借入の場合の返済計画（何年間で返済するのか、利息は何％か）

④敷金・礼金・毎月の家賃収入はどのくらい見込めるのか
⑤管理手数料、修繕費、税金、光熱費等の諸経費がどのくらい必要か

▼いくら儲かり、いくら費用がかかるかを確認してください

項目が明確になったら、損益予定表を作成してみましょう（23ページ参照）。これはこのアパート・マンション経営で不動産所得がどのくらいになるかを試算するためのものです。不動産所得が生じると所得税や住民税の負担が増えます。また事業税や固定資産税も増加することがわかります。

▼手元に残るキャッシュを確認してください

次は損益予定表をもとに、資金繰り予定表をつくります（23ページ参照）。損益予定表との違いは実際のキャッシュの収支を中心に考えます。例えば出費を伴わない費用である減価償却費は除き、費用でない出費借入金の返済がこの表に入ります。家賃の変動や金利の変動を意識して少し厳しく作成しましょう。

表の作成によって、事業の見通しが明らかになってくるはずです。すでに経営を始めている人も、これから経営を始める人も、自分の事業が無理のないものか確認してみてください。

（単位：千円）

第6年度	第7年度	第8年度	第9年度	第10年度	第20年度
6,800	6,800	6,800	6,800	6,800	6,800
6,800	6,800	6,800	6,800	6,800	6,800
373	349	325	300	275	14
1,540	1,540	1,540	1,540	1,540	1,540
1,913	1,889	1,865	1,840	1,815	1,554
					5,246
4,887	4,911	4,935	4,960	4,985	5,246
1,466	1,473	1,480	1,488	1,495	1,573
18,882	22,320	25,775	29,247	32,737	68,624

（単位：千円）

第6年度	第7年度	第8年度	第9年度	第10年度	第20年度
13,043	15,626	18,201	20,769	23,331	48,529
6,800	6,800	6,800	6,800	6,800	6,800
6,800	6,800	6,800	6,800	6,800	6,800
373	349	325	300	275	14
1,458	1,466	1,473	1,480	1,488	1,565
2,386	2,410	2,434	2,458	2,483	2,744
4,217	4,225	4,232	4,238	4,246	4,323
2,583	2,575	2,568	2,562	2,554	2,477
15,626	18,201	20,769	23,331	25,885	51,006
36,034	33,624	31,190	28,731	26,248	

「損益予定表」と「資金繰り予定表」の記入例

損益予定表

			建設事業完了時	初年度	第2年度	第3年度	第4年度	第5年度
損益計算書	収益の部	賃貸料		6,800	6,800	6,800	6,800	6,800
		共益費収入等						
		礼金収入等						
		合計		6,800	6,800	6,800	6,800	6,800
	費用の部	支払利息(1)		489	466	443	420	397
		〃 (2)						
		減価償却費		1,540	1,540	1,540	1,540	1,540
		地代家賃						
		保険料						
		租税公課						
		その他の諸経費	2,000					
		給与						
		合計	2,000	2,029	2,006	1,983	1,960	1,937
	税引前当期利益		−2,000	4,771	4,794	4,817	4,840	4,863
	前期繰越損失			−2,000				
	課税対象利益		−2,000	2,771	4,794	4,817	4,840	4,863
	法人税等充当額			831	1,438	1,445	1,452	1,458
	未処分利益		−2,000	1,940	5,296	8,668	12,056	15,461

資金繰り予定表

			建設事業完了時	初年度	第2年度	第3年度	第4年度	第5年度
資金収支計算書		前期繰越残高		−2,000	2,042	5,253	7,857	10,454
	収入の部	賃貸料		0,000	0,000	6,800	6,800	6,800
		共益費収入等						
		保証金収入						
		自己資本	20,000					
		借入金収入	50,000					
		合計	70,000	6,800	6,800	6,800	6,800	6,800
	支出の部	支払利息(1)		489	466	443	420	397
		〃 (2)						
		地代家賃						
		保険料						
		租税公課						
		その他の諸経費	2,000					
		法人税等			831	1,438	1,445	1,452
		給与						
		借入金返済(1)		2,269	2,292	2,315	2,338	2,362
		〃 (2)						
		保証金払戻し						
		土地・建設費	70,000					
		合計	72,000	2,758	3,589	4,196	4,203	4,211
	当年度過不足		−2,000	4,042	3,211	2,604	2,597	2,589
	差引過不足		−2,000	2,042	5,253	7,857	10,454	13,043
借入金残高			50,000	47,730	45,437	43,122	40,783	38,420

4 経営にはマーケットリサーチが不可欠です

▼入居者の目は厳しくなっています

アパート・マンション経営を行うにあたってはマーケットリサーチが不可欠です。自分のアパート・マンションが、どのような層をターゲットにするかをあらかじめリサーチする必要があります。

つい最近まで、低金利、さらに政策的住宅減税の実施により、賃貸派より持ち家派が増加していました。高い家賃を払うより買ってしまうほうが得だと考える人たちです。ところが、近年のマンション・住宅価格の高騰により、賃貸住宅へ回帰の兆候が始まっています。チャンスです。

多額の資金を投資するアパート・マンション経営です。失敗は許されません。

そのためにはマーケットリサーチを徹底的に行い、あらゆるデータを収集して市場ニーズにマッチしたアパート・マンションを供給する必要があるでしょう。

リサーチにあたって重要なポイントを3つ挙げましょう。

▼土地の適性を調べてみてください

その土地がアパート・マンションの建築に適しているか次の点を調べてください。

①**土地の広さ、形状**　建築するのに十分な広さがあるか。建築に適した形状か。

②**居住性はどうか**　日照は確保できるか。騒音はどうか。住環境はどうか。

③**利便性**　駅からのアクセスはいいか。周囲にショッピングセンターや公共機関はあるか。近くに騒音の出る工場、幹線道路などはないか。

▼入居者のニーズ、市場性を調べてみてください

その土地に適した入居者のニーズや現在周辺の賃貸物件の状況について調べてください。

①**入居者層は**　ファミリーか。社会人単身か。学生単身か。

②**間取りは**　1ルーム。1DK。2DK。それ以上か。

③**構造は**　木造。軽量鉄骨。鉄筋コンクリート。その他何が適しているか。

④**付属設備は**　冷暖房、床暖房、オートロック、モニター付きインターフォン、浴室乾燥機、高速大容量のインターネット環境等の必要性はあるか。

⑤周辺の物件は　周辺の物件の入居状況、間取り、構造、設備はどうか。

▼将来性を調べてみてください

その土地を含む周辺地域が将来どのようになるかも調べておきましょう。

①鉄道、地下鉄等の計画はどうか

②駅周辺の再開発計画はあるか

③道路計画はあるか（便利になる場合と騒音が増す場合がある）

④工場、学校、大規模店舗、公園等の生活に影響の大きい施設の設置計画はないか

いかがでしょうか。アパート・マンション経営を行うにあたっては、最低限これらのポイントを押さえておく必要があります。

5 住む人の立場に立つ——これが一番の営業戦略です

前項のリサーチを踏まえて、入居者を増やすための営業戦略について考えてみましょう。入居者の厳しい選別の目に耐え、なおかつなるべく費用をかけずにできることを以下にまとめてみました。

▼アパート・マンションのネーミングで好印象を持ってもらいましょう

アパート・マンションの名前は大切です。

例えば、アパート・マンションの入居者は、職場で、役所で、ショッピングで等々、日常的に自分の住所を書く機会があります。

このとき、アパート・マンション名が見栄えのするものだと、悪い気はしません。反対に「○○荘」「○○アパート」など、古い建物を連想させるような名前だったらどうでしょうか。あまり好まれるとは思いません。

「○○ハイツ」「コーポ○○」も、少しイメージが古いような気がします。

例えば、「メゾン○○」「○○アネックス」「シャトレーイン○○」、公園や川のそばにあるのであれば「パークサイド○○」「リバーサイド○○」等、まずは、入居者にマイナスのイメージを与えないこと、そしてできればセンスのいいアパート・マンション名を検討してみてください。

▼物件はいつも清潔にしておくことが大切です

たとえ築年数の新しいアパート・マンションでも、共用部分の掃除が行き届いていなかったり、郵便ポストもＤＭ等がだらしなく放置されていれば、下見の時点で敬遠されてしまいます。立地や築年数で不利なものであってもきれいに管理されて気持ちよく住める物件は人気があります。

ごみや汚れをまめにとり、掃除やメンテナンスが行き届いているところは住む人に好印象を与えます。古い建物ならば、アンティークな雰囲気をつくるのも演出です。ちょっとした気づかいでアパート・マンションの人気を上げることが可能です。

▼快適さを提供してください

アパート・マンションを借りる人の多くはほかの町からやってきます。いろいろと不安を抱いていることでしょう。駅から住居までの道のりから、玄関そして部屋の中、さまざまな点で快適さを望んでいるはずです。

であれば、近所の買い物マップや公共施設、安全な道や近道等の案内図、緊急連絡先などを事前に冊子にしておくときっと喜ばれるでしょう。

玄関は、アパート・マンションの顔でもあります。エントランスにきれいな花が飾ってあるだけで印象が格段によくなります。部屋の中も業者さん任せにせず、なるべく自分の目で確かめてみましょう。壁の色や設備、特にトイレやキッチンなどの水回りが清潔であるように気を配ってください。

▼物件にデザイン力を持たせてみましょう

近年、住宅市場において、著名な建築家が設計した「デザイナーズマンション」をはじめとする個性的な物件が若年世代を中心に人気を集めています。

これは、賃貸物件においても、入居者がこだわりや個性を重視して物件を選んでいる証拠です。若年世代だけでなく、入居者の感性やこだわりに応える外観や内装、設備等の充実を心がけてください。

▼ニーズに応じた駐車場の利用法を考えます

「駐車場はアパート・マンションの付属物」という考えは少し時代後れかもしれません。「利回り」が大切なのは駐車場も同じです。運営の方法によっては、十分収益性がねらえます。例えば、月極駐車場を、コインパーキングにしてみたらどうでしょうか。

駅に近い立地であれば入居者は乗用車の必要がない場合も多いでしょう。反対に、一時貸し駐車場のニーズは高まります。

一方、駅から遠い立地だと、月極駐車場なしでは入居者が困ります。立地条件等によるニーズを考えることで、評価の高い物件になるはずです。

▼大規模な修繕は約10年で償却できるようにします

アパート・マンションが古くなれば、建物自体の修繕や、エアコン・給湯器の修理交換等の費用がかかります。このとき計画的なリフォームやメンテナンスを怠っていると、建物そのものの寿命を縮めることはもちろん、必ず空室率が高くなります。

空室が多くなれば、入居希望者は少なくなります。小規模な修繕は3年ごと、大規模修繕は10年ごとを目安にして償却できるように心がけましょう。

▼設備はリースでもかまいません

修繕や設備の更新を定期的に行おうとすれば、やはり相当の資金を必要とします。そこで、銀行借入れに代わるものとしてリースを活用するという方法があります。

リースでの設備投資の最大のメリットは、**リース料を家賃に転嫁することにより、収支計画が立てやすくなるところにあります。**

その他のメリットとして、次のような点が挙げられます。

①減価償却計算や、償却資産にかかる固定資産税の申告、保険等の管理コストが軽減でき、事務処理が合理化できる
②リース料はリース期間中一定額であり、全額経費処理できる
③リース期間は法定耐用年数より短く設定できるため、購入に比べて早期の償却ができる
④リースは借入金ではないため新たな建築のための資金借入れがしやすい
⑤最近ではリースによって調達できる商品アイテムが増えていて、必要な設備や現在不足している設備を容易にレベルアップできる

※大規模リースについては、資産計上し、減価償却する必要がある場合もあります。

ただし、次のようなデメリットもあります。

①現金購入よりも若干支払が多くなることがある。

②中途解約の場合、未経過リース料の支払および、損害金の負担が生じる。
③リース契約終了後も物件を使用する場合、以後1年間ごとに1カ月分のリース料を支払う等の再リース契約がある場合がある。

資金調達のしやすさや管理の利便性をとってリースにするか、コスト重視で現金購入にするか、入居者の快適さ等も考慮しながら判断してみてください。

▼「自分が住むとしたら」を考えてみてください

冒頭に「大家と言えば親も同然」から「店子がお客様」という意識の変化が一般的になりつつあると述べました。

これからのアパート・マンション経営では、入居者が満足する、魅力ある物件を提供することが求められます。ですが、お金をかけなければお客様を満足させられないかと言えば、決してそうではありません。

住む人の立場に立ってできることをやる、これがアパート・マンション経営においては、一番の営業戦略ではないでしょうか。

第2章

アパート・マンション経営を始めましょう

これからアパート・マンション経営を始める人のために、提出しておくべき書類とその記入例、提出先を紹介します。出しておくと税金で有利になる届けもあります。すでに開業している人もチェックしてみてください。

賃貸事業開業に伴う官公庁への提出書類一覧

<table>
<tr><th>届出先</th><th>届出書類</th><th>提出期限・留意点</th><th>チェック</th></tr>
<tr><td rowspan="6">税務署</td><td>個人事業の開廃業等届出書➡P37</td><td>開業の日から1カ月以内</td><td></td></tr>
<tr><td>所得税の減価償却資産の償却方法の届出書➡P48</td><td>●最初の確定申告書の提出期限まで
●届出なかった場合、定額法で計算する</td><td></td></tr>
<tr><td>所得税の青色申告承認申請書➡P47</td><td rowspan="2">開業の日から2カ月以内（開業の日が1月1日から1月15日の間の場合は、3月15日まで）</td><td></td></tr>
<tr><td>青色事業専従者給与に関する届出書➡P44</td><td></td></tr>
<tr><td>給与支払事務所等の開設届出書➡P41</td><td>事務所等を開設した日から1カ月以内</td><td></td></tr>
<tr><td>源泉所得税の納期の特例の承認に関する申請書➡P49</td><td>●納期の特例については特に期限はなし</td><td></td></tr>
<tr><td>都道府県税事務所</td><td>個人事業税の事業開始等申告書➡P39</td><td>開業から15日以内（東京都の場合）</td><td></td></tr>
<tr><td>労働基準監督署</td><td>労働保険保険関係成立届</td><td>事業開始から10日以内</td><td></td></tr>
<tr><td>公共職業安定所</td><td>雇用保険被保険者資格取得届</td><td>従業員を雇用した月の翌月10日まで</td><td></td></tr>
</table>

1 開業届を出してアパート・マンション経営のスタートです

▼開業とは税金を払うということです

前章では、アパート・マンション経営を行う上で基本となる考え方について話をしました。ここからは実際、開業するにあたって必要となる手続、用意すべき書類等について述べていきましょう。

アパート・マンションの賃貸事業を始めると、個人事業主として税金が課せられることになります。

例えば賃貸事業上の収入金額（家賃、礼金、駐車場収入等）から経費を差し引いた利益に対して、不動産所得として所得税が課せられます。また、規模によっては、その利益に対して個人事業税も課税されます。

さらに、アパート・マンション経営のほか、駐車場や店舗用物件といった消費税の課税される賃貸収入が一定額以上あると、消費税の納税義務が生じる場合があります。

この所得税・消費税は、国税として税務署に、個人事業税は地方税として各都道府県税事務所に、自己申告して納める必要があります。ただし、所得税の確定申告や住民税の申告をした人は、個人の事業税の申告をする必要はありません。サラリーマンなどの給与所得者のように会社が納税を代行してくれるわけではありません。それゆえ、税務署、地方事務所に個人事業主として開業したことを報告する必要があります。

この税務署に対する届出を**「個人事業の開廃業等届出書」**、都道府県税事務所に対する届出を**「個人事業税の事業開始等申告書」**と言います。

これが、いわゆる開業届にあたるものです。

▼「個人事業の開廃業等届出書」を提出してください

税務署に対する開業の届出である「個人事業の開廃業届出書」は**開業してから1カ月以内**に提出してください。この届出書は国税庁のホームページ（http://www.nta.go.jp/）からダウンロードできます。

開業にあたって税務署に提出すべき届出はこの「個人事業の開廃業等届出書」のほかにいくつかあります（40、43、45、46ページ等参照）。これらの届出書のフォーマットもすべて国税庁のホームページからダウンロードできます。実際に提出するときは一度で終わらせたほうが

「個人事業の開廃業等届出書」の記入例

税務署受付印

1	0	4	0

個人事業の開業・廃業等届出書

世田谷 税務署長

○ 年 10 月 5 日提出

❶

納税地	○住所地・○居所地・○事業所等(該当するものを選択してください。) (〒 154 - 0003) 東京都世田谷区野沢X-XX-XXX (TEL 03 - XXXX - XXXX)		
上記以外の住所地・事業所等	納税地以外に住所地・事業所等がある場合は記載します。 (〒 -) (TEL - -)		
フリガナ	トウキョウ イチロウ	生年月日	○大正 ○昭和 ○平成 ○令和 XX年 7月 19日生
氏名	東京 一郎		
個人番号	X X X X X X X X X X X X		
職業	不動産賃貸業	フリガナ	パークサイドコマザワ
		屋号	パークサイド駒澤

個人事業の開廃業等について次のとおり届けます。

届出の区分	○開業(事業の引継ぎを受けた場合は、受けた先の住所・氏名を記載します。) 住所 氏名 事務所・事業所の(○新設・○増設・○移転・○廃止) ○廃業(事由) (事業の引継ぎ(譲渡)による場合は、引き継いだ(譲渡した)先の住所・氏名を記載します。) 住所 氏名		
所得の種類	○不動産所得・○山林所得・○事業(農業)所得〔廃業の場合……○全部・○一部( )〕		
開業・廃業等日	開業や廃業、事務所・事業所の新増設等のあった日	○ 年 10 月 5 日	
事業所等を新増設、移転、廃止した場合	新増設、移転後の所在地	(電話)	
	移転・廃止前の所在地		
廃業の事由が法人の設立に伴うものである場合	設立法人名	代表者名	
	法人納税地	設立登記	年 月 日
開業・廃業に伴う届出書の提出の有無	「青色申告承認申請書」又は「青色申告の取りやめ届出書」	○有・○無	
	消費税に関する「課税事業者選択届出書」又は「事業廃止届出書」	○有・○無	
事業の概要 (できるだけ具体的に記載します。)	賃貸マンションの賃貸開始 12世帯		

❷ ❸ ❹

給与等の支払の状況	区分	従事員数	給与の定め方	税額の有無	その他参考事項
	専従者	1人	給与・賞与	○有・○無	
	使用人			○有・○無	
				○有・○無	
	計	1			

源泉所得税の納期の特例の承認に関する申請書の提出の有無	○有・○無	給与支払を開始する年月日	年 月 日

関与税理士

(TEL - -)

税務署整理欄	整理番号	関係部門連絡	A	B	C	番号確認	身元確認
	0						□ 済 □ 未済
	源泉用紙交付	通信日付印の年月日	確認	確認書類 個人番号カード/通知カード・運転免許証 その他( )			
		年 月 日					

※この記載例は執筆時点の様式及び記載例に基づいています。

作業の手間が省けるので効率的です。

「個人事業の開廃業等届出書」の書き方を紹介しましょう。前ページに掲げたのは令和4年10月1日に開業した場合の例です。

❶納税地は、その場所を管轄する税務署・都道府県税事務所に対して申告書を提出し、税金を納めることになる場所です。納税地は原則として住所地ですが、事業をしている場所を納税地として選択することもできます。その際は別途納税地住所の届出をする必要があります。

❷「給与等の支払の状況」❸「給与の定め方」欄には「給与・賞与」などの区分を記載します。❹「税額の有無」欄には、各人ごとの給与額や扶養親族の状況を総合的に勘案して、納めるべき税額の有無をそれぞれ○で囲んでください。

給与は従業員を雇う場合に発生するものです。雇用については次項で説明します。

▼「個人事業税の事業開始等申告書」を提出してください

都道府県税事務所に対する届出である「個人事業税の事業開始等申告書」は**開業してから15日以内**に提出してください（届出の名称は場所によって異なります）。所在地によっては各都道府県庁のホームページ上で対応しているところもあります。

書き方については、次ページの例を参考にして記入してください。

「個人事業税の事業開始等申告書」の記入例

第32号様式（甲）（条例第26条関係）

受付印

事業開始等申告書（個人事業税）

		新（変更後）	旧（変更前）
事務所（事業所）	所在地	東京都世田谷区野沢X-XX-XXX 電話 03（ XXXX ）XXXX	電話 （ ）
	名称・屋号	パークサイド野沢	
	事業の種類	不動産賃貸業	
	事業主住所が事務所（事業所）所在地と同じ場合は、下欄に「同上」と記載する。 なお、異なる場合で、事務所（事業所）所在地を所得税の納税地とする旨の書類を税務署長に提出する場合は、事務所（事業所）所在地欄に○印を付する。		
事業主	住所	同上 電話 （ ）	電話 （ ）
	フリガナ		
	氏名		
開始・廃止・変更等の年月日		○ 年 10 月 1 日	事由等：開始（○）・廃止・※法人設立 その他（ ）
※法人設立	所在地		法人名称：
	法人設立年月日	年 月 日（既設・予定）	電話番号：

東京都都税条例第２６条の規定に基づき、上記のとおり申告します。

○ 年 10 月 5 日

東京都世田谷区野沢X-XX-XXX

氏名 東京 一郎 ㊞

世田谷 都税事務所長（○）／支庁長 殿

（日本工業規格Ａ列４番）

備考 この様式は、個人の事業税の納税義務者が条例第26条に規定する申告をする場合に用いること。

都・個

2 従業員を雇うための届出を行いましょう

開業と同時に親族を従業員に雇う場合は、

- **給与支払事務所等の開設届出書**
- **労働保険保険関係成立届出**
- **雇用保険被保険者資格届出**
- **青色事業専従者給与に関する届出書（青色事業専従者がいる場合）**

を提出しなければなりません。順に説明していきましょう。

▼「給与支払事務所等の開設届出書」を提出してください

この届出書は、**給与を支払う事務所等を開設した日から1カ月以内に**、所轄の税務署に提出します。この届出は、親族ら従業員を雇い給料を支払う場合に提出が必要です。１人で事業を行う場合には提出の必要はありません。

「給与支払事務所等の開設届出書」の記入例

※整理番号	

税務署受付印

給与支払事務所等の開設・移転・廃止届出書

令和 ○ 年 10 月 5 日

世田谷 税務署長殿

所得税法第230条の規定により次のとおり届け出ます。

事務所開設者		
	住所又は本店所在地	〒 154 - 0003 東京都世田谷区野沢X-XX-XXX 電話（ 03 ） XXXX － XXXX
	（フリガナ）	トウキョウ イチロウ
	氏名又は名称	東京 一郎
	個人番号又は法人番号	↓個人番号の記載に当たっては、左端を空欄とし、ここから記載してください。 X X X X X X X X X X X X
	（フリガナ）	
	代表者氏名	

（注）「住所又は本店所在地」欄については、個人の方については申告所得税の納税地、法人については本店所在地（外国法人の場合には国外の本店所在地）を記載してください。

開設・移転・廃止年月日	令和 ○ 年 10 月 1 日	給与支払を開始する年月日	令和 ○ 年 10 月 25 日

○届出の内容及び理由
（該当する事項のチェック欄□に✓印を付してください。）

		「給与支払事務所等について」欄の記載事項 開設・異動前	異動後
開設	☑ 開業又は法人の設立		
	□ 上記以外 ※本店所在地等とは別の所在地に支店等を開設した場合	開設した支店等の所在地	
移転	□ 所在地の移転	移転前の所在地	移転後の所在地
	□ 既存の給与支払事務所等への引継ぎ （理由）□ 法人の合併 □ 法人の分割 □ 支店等の閉鎖 □ その他 （ ）	引継ぎをする前の給与支払事務所等	引継先の給与支払事務所等
廃止	□ 廃業又は清算結了 □ 休業		
その他（ ）		異動前の事項	異動後の事項

○給与支払事務所等について

	開設・異動前	異動後
（フリガナ）	パークサイドコマザワ	
氏名又は名称	パークサイド駒澤	
住所又は所在地	〒154 - 0003 東京都世田谷区野沢X-XX-XXX 電話（ 03 ） XXXX － XXXX	〒 電話（ ） －
（フリガナ）	トウキョウ イチロウ	
責任者氏名	東京 一郎	

従事員数	役員 人	従業員 人	（ ）人	（ ）人	（ ）人	計 人

（その他参考事項）

税理士署名	

※税務署処理欄	部門	決算期	業種番号	入力	名簿等	用紙交付	通信日付印	年月日	確認
	番号確認	身元確認 □ 済 □ 未済	確認書類 個人番号カード／通知カード・運転免許証 その他（ ）						

03.06 改正

（規格A4）

※この記載例は執筆時点の様式及び記載例に基づいています。

▼労災の加入手続は必ず行ってください

労働保険には、労働基準監督署に届ける労働者災害補償保険と、公共職業安定所に届ける雇用保険の2つがあります。

労働者災害補償保険とは、一般的に「労災保険」と呼ばれているもので、職務上の怪我や病気、通勤時に災害を受けた場合に、その被災した労働者または遺族に対して必要な保険給付を行うものです。

この労働保険に加入するために提出する書類が「労働保険保険関係成立届出」で、**事業開始日から10日以内**に所轄の労働基準監督署に提出します。この届出が受理されると、事業所の保険番号が決定されます。

▼従業員のための雇用保険の手続を行いましょう

雇用保険とは、一般に失業保険と言われるもので、従業員が退職した場合、または従業員を解雇した場合などに失業給付を支払い、従業員とその家族を一定期間保護し、早期に再就職できるよう援助するための制度です。

これに加入するために、「雇用保険被保険者資格取得届」を公共職業安定所に提出します。この手続は、**従業員を雇った日の属する月の翌月10日まで**に行わなければなりません。

▼親族への給料を経費にする届出をしましょう

青色事業専従者給与とは、青色申告を選択した個人事業者（45、94ページ参照）が、生計を一にする配偶者や親、子ども等を専従者として雇う場合に、彼らに対して支払う給料のことを言います。

「青色事業専従者給与に関する届出書」を所轄税務署に提出することにより、個人事業主は青色事業専従者給与額を必要経費にすることができます。

この届出書は、**開業の日が1月1日から1月15日以前なら3月15日までに**、**1月16日以降なら開業の日から2カ月以内**に提出してください。また、この届出書に記載した青色事業専従者給与額を変更する場合や新しく専従者が増えた場合には、変更届出書の提出が必要です。

必要経費となる青色事業専従者給与額が妥当であるかないかは、「1 青色事業専従者給与」の欄に記載された内容によって判断されます。年齢、経験年数、仕事の内容、従事の程度、資格等を、しっかりと記入しましょう。

給与、賞与の金額は必要経費を増やしたいばかりに、常識とかけ離れた金額を設定すると否認される恐れがあるので注意してください（96ページ参照）。

「青色事業専従者給与に関する届出書」の記入例

税務署受付印

青色事業専従者給与に関する（届出）・変更届出書

1	1	2	0

世田谷 税務署長

○年 10月 5日提出

納税地	（住所地）・居所地・事業所等（該当するものを選択してください。） （〒154 － 0003） 東京都世田谷区野沢X-XX-XXX （TEL 03 － XXXX － XXXX）
上記以外の住所地・事業所等	納税地以外に住所地・事業所等がある場合は記載します。 （〒　－　） （TEL　－　－　）
フリガナ	トウキョウ イチロウ
氏名	東京 一郎
生年月日	大正・（昭和）・平成・令和 XX年 7月 19日生
職業	不動産賃貸業
フリガナ	パークサイドコマザワ
屋号	パークサイド駒沢

○年 10月以後の青色事業専従者給与の支給に関しては次のとおり（定めた）・変更することとしたので届けます。

1 青色事業専従者給与（裏面の書き方をお読みください。）

	専従者の氏名	続柄	年齢／経験年数	仕事の内容・従事の程度	資格等	給料 支給期	給料 金額（月額）	賞与 支給期	賞与 支給の基準（金額）	昇給の基準
1	東京 一子	妻	38歳／年	清掃・経理 毎日6時間	簿記2級	毎月25日	210,000円	6月 12月	300,000 300,000	
2										
3										

2 その他参考事項（他の職業の併有等）

3 変更理由（変更届出書を提出する場合、その理由を具体的に記載します。）

4 使用人の給与（この欄は、この届出（変更）書の提出日の現況で記載します。）

	使用人の氏名	性別	年齢／経験年数	仕事の内容・従事の程度	資格等	給料 支給期	給料 金額（月額）	賞与 支給期	賞与 支給の基準（金額）	昇給の基準
1			歳／年				円			
2										
3										
4										

※ 別に給与規程を定めているときは、その写しを添付してください。

関与税理士

（TEL　－　－　）

税務署整理欄	整理番号	関係部門連絡	A	B	C	
	0					
	通信日付印の年月日	確認				
	年　月　日					

※この記載例は執筆時点の様式及び記載例に基づいています。

3 税金で得する届出もしておきます

開業のときに提出しておくと、税金面で有利になる届出を紹介しましょう。税金は、開業当初は理解しにくいものです。まずは、これらが大切だということを把握しておきましょう。

▼「所得税の青色申告承認申請書」を出しましょう（47ページ参照）

所得税の確定申告書には**青色申告書**と**白色申告書**という2種類の申告書があります。

青色申告書を選択した場合、日々の取引を厳密に帳簿づけすることが求められます。決して簡単ではありませんが、さまざまな税務上の特典（93ページ参照）が受けられます。また、帳簿づけをすることで、事業の経営状況、財務状況を把握でき、なおかつ青色申告をしていることで、金融機関などの対外的な信用を得ることができます。青色申告は必ず選択しましょう。

新たに青色申告をしようとする人は、**その年の1月1日から1月15日までに開業した人は3月15日までに、その年の1月16日以後に新たに開業した人は開業日から2カ月以内に**「所得税の青色申告承認申請書」を所轄の税務署長に提出する必要があります。

▼「所得税の減価償却資産の償却方法の届出書」を出しましょう（48ページ参照）

建物・建物附属設備・構築物については定額法が義務づけられています。しかし、他の減価償却資産は定額法以外の償却方法を選択することができます。この場合には、届出書の提出が必要です。提出がなかった場合には、個人の場合、定額法で償却することになります。

▼「源泉所得税の納期の特例の承認に関する申請書」を出しましょう（49ページ参照）

給与等を支払う際に源泉徴収した所得税は、原則として源泉徴収した月の翌月10日までに税務署に納付しなければなりません。

しかし、給与の支給人員が9人以下の源泉徴収義務者については、源泉徴収した所得税を半年分まとめて納めることができる特例があります。この特例の適用を受けるための届出書です。

この特例を受けていると、その年の1月から6月までに源泉徴収した所得税については7月10日、7月から12月までに源泉徴収した所得税は翌年1月20日がそれぞれの期間分の納付期限となります。

「所得税の青色申告承認申請書」の記入例

税務署受付印

1	0	9	0

所得税の青色申告承認申請書

世田谷 税務署長

○ 年 10 月 5 日提出

納税地	◯住所地・○居所地・○事業所等（該当するものを選択してください。） （〒 154－0003 ） 東京都世田谷区野沢X-XX-XXX （TEL 03 － XXXX － XXXX）		
上記以外の住所地・事業所等	納税地以外に住所地・事業所等がある場合は記載します。 （〒 － ） （TEL － － ）		
フリガナ	トウキョウ イチロウ	生年月日	○大正 ◯昭和 ○平成 ○令和 XX年 7 月19日生
氏名	東京 一郎		
職業	不動産賃貸業	フリガナ 屋号	パークサイドコマザワ パークサイド駒沢

令和 ○ 年分以後の所得税の申告は、青色申告書によりたいので申請します。

1 事業所又は所得の基因となる資産の名称及びその所在地（事業所又は資産の異なるごとに記載します。）

名称 パークサイド駒沢 所在地 東京都世田谷区野沢X-XX-XXX

名称＿＿＿＿ 所在地＿＿＿＿

2 所得の種類（該当する事項を選択してください。）

○事業所得・◯不動産所得・○山林所得

3 いままでに青色申告承認の取消しを受けたこと又は取りやめをしたことの有無

(1) ○有（○取消し・○取りやめ） ＿年＿月＿日 (2) ◯無

4 本年1月16日以後新たに業務を開始した場合、その開始した年月日 ○ 年 10 月 1 日

5 相続による事業承継の有無

(1) ○有 相続開始年月日 ＿年＿月＿日 被相続人の氏名＿＿ (2) ◯無

6 その他参考事項

(1) 簿記方式（青色申告のための簿記の方法のうち、該当するものを選択してください。）

◯複式簿記・○簡易簿記・○その他（ ）

(2) 備付帳簿名（青色申告のため備付ける帳簿名を選択してください。）

◯現金出納帳・○売掛帳・○買掛帳・◯経費帳・◯固定資産台帳・○預金出納帳・○手形記入帳
○債権債務記入帳・◯総勘定元帳・◯仕訳帳・○入金伝票・○出金伝票・◯振替伝票・○現金式簡易帳簿・○その他

(3) その他

関与税理士

（TEL － － ）

税務署整理欄	整理番号	関係部門連絡	A	B	C		
	0						
	通信日付印の年月日		確認				
	年 月 日						

※この記載例は執筆時点の様式及び記載例に基づいています。

「所得税の減価償却資産の償却方法の届出書」の記入例

税務署受付印　　　　1160

所得税の ○棚卸資産の評価方法 / ○減価償却資産の償却方法 の届出書

世田谷 税務署長

○ 年 10 月 5 日提出

納税地	○住所地・○居所地・○事業所等（該当するものを選択してください。） （〒154 － 0003 ） 東京都世田谷区野沢X-XX-XXX （TEL 03 － xxxx － xxxx ）		
上記以外の住所地・事業所等	納税地以外に住所地・事業所等がある場合は記載します。 （〒 － ） （TEL － － ）		
フリガナ	ﾄｳｷｮｳ ｲﾁﾛｳ	生年月日	○大正 ○昭和 ○平成 ○令和 XX 年 7 月 19 日生
氏名	東京 一郎		
職業	不動産賃貸業	フリガナ	ﾊﾟｰｸｻｲﾄﾞｺﾏｻﾞﾜ
		屋号	パークサイド駒沢

○棚卸資産の評価方法 / ○減価償却資産の償却方法 については、次によることとしたので届けます。

1 棚卸資産の評価方法

事業の種類	棚卸資産の区分	評価方法

2 減価償却資産の償却方法

	減価償却資産の種類 設備の種類	構造又は用途、細目	償却方法
(1) 平成19年3月31日以前に取得した減価償却資産			
(2) 平成19年4月1日以後に取得した減価償却資産	工具器具備品		定率法

3 その他参考事項

(1) 上記2で「減価償却資産の種類・設備の種類」欄が「建物」の場合

建物の取得年月日 ＿＿年＿＿月＿＿日

(2) その他

関与税理士
（TEL － － ）

税務署整理欄	整理番号	関係部門連絡	A	B	C		
	0						
	通信日付印の年月日	確認					
	年 月 日						

※この記載例は執筆時点の様式及び記載例に基づいています。

「源泉所得税の納期の特例の承認に関する申請書」の記入例

源泉所得税の納期の特例の承認に関する申請書

税務署受付印

	※整理番号	
令和 ○ 年 12月 5 日	住所又は本店の所在地	〒154－0003 東京都世田谷区野沢X-XX-XXX 電話 03 － XXXX －XXXX
	（フリガナ）	トウキョウ イチロウ
	氏名又は名称	東京 一郎
	法人番号	※個人の方は個人番号の記載は不要です。
	（フリガナ）	
世田谷 税務署長殿	代表者氏名	

次の給与支払事務所等につき、所得税法第 216 条の規定による源泉所得税の納期の特例についての承認を申請します。

給与支払事務所等に関する事項				
	給与支払事務所等の所在地 ※ 申請者の住所（居所）又は本店（主たる事務所）の所在地と給与支払事務所等の所在地とが異なる場合に記載してください。	〒 電話 － －		
	申請の日前６か月間の各月末の給与の支払を受ける者の人員及び各月の支給金額 〔外書は、臨時雇用者に係るもの〕	月区分	支給人員	支給額
		○ 年 10 月	外 1 人	外 210,000 円
		○ 年 11 月	外 1 人	外 210,000 円
		年 月	外 人	外 円
		年 月	外 人	外 円
		年 月	外 人	外 円
		年 月	外 人	外 円
	1 現に国税の滞納があり又は最近において著しい納付遅延の事実がある場合で、それがやむを得ない理由によるものであるときは、その理由の詳細 2 申請の日前１年以内に納期の特例の承認を取り消されたことがある場合には、その年月日			

税理士署名	

※税務署処理欄	部門		決算期		業種番号		番号		入力		名簿		通信日付印	年 月 日	確認	

03.06 改正

※この記載例は執筆時点の様式及び記載例に基づいています。

4 契約書など経営に必要な書類を用意しましょう

開業にあたっては、届出のほかに、取引書類も用意する必要があります。取引書類とは、外部の人や会社に対してどのような取引をしたかという証拠を残すものです。

アパート・マンション経営をする際に必要な取引書類には、

- **住宅賃貸借契約書**
- **預り証**
- **領収書**

などがあります。順に説明していきましょう。

▼「賃貸借契約書」のフォーマットをつくりましょう

まずは、住宅賃貸借契約書を作成しましょう。

住宅賃貸借契約書に関しては、自分の賃貸物件に適したものを作成する必要があります。住宅賃貸借契約における基本的な約束事は、何を賃貸するのか（目的物）、どのように使用させるのか、賃料をいくらにするかです。

この点を踏まえて、契約書に記載すべき項目を紹介しましょう。

①賃貸の対象となる物件

- **家屋番号**　○○番○（建物登記簿に記載されている）
- **種類**　居宅・店舗・店舗兼住宅・店舗兼事務所・共同住宅
- **構造**　軽量鉄骨造、木造瓦葺2階建て、鉄筋コンクリート造陸屋根6階建て
- **床面積**　○○㎡

借主に、賃貸物件の状況を理解してもらうとともに、賃貸の対象範囲を明確にする効果があります。また、賃借人が勝手に増改築等をしてしまうことを防ぐ効果もあります。

②使用目的

これは、最も重要な事項です。建物の場合には住宅として使うのか、店舗や事務所として使うのか、それとも工場や作業場として使うのかによって、建物の傷み具合が違ってきます。賃料にも影響があります。また、目的外の使用は契約の解除条件となることも明記しておきましょう。

③賃料・敷金・礼金・更新料等

近隣の賃貸物件の状況や、固定資産税や借入金返済等の経費を考えて決定しましょう。また、経済状況の変動（固定資産税の上昇等）による賃料の変更は必ず明記しておきましょう。

④賃料等の受取方法

口座振込してもらうほうが便利です。通帳記帳されますので、賃料の入金状況の把握が簡単です。また、細かいことですが、振込手数料についても借主負担を明示しておきましょう。

⑤賃料の入金時期

翌月分を当月末までの前払いとするのが一般的です。

⑥明渡しについて

解約時における敷金返還についてのトラブルが多いようです。明渡し時に敷金から相殺する修繕費等がある場合には、明細もつけて内容も明示しておくほうがよいでしょう。また、敷金に利息を付さないという一文も必要でしょう。54ページの「住宅賃貸借契約約款」第10条を参照してください。

▼敷金を受け取ったら「預り証」を発行します

借主から敷金を預った場合に発行します（56ページ参照）。

▼現金を受け取ったら「領収書」を発行します

借主から賃料等を受け取った場合に発行します（56ページ参照）。銀行振込の場合には必要ありません。

▼家賃の請求には「請求書」が必要です

借主に賃料を請求するときに使用します。ただし、一般的には契約書に、毎月の支払方法を定めていますので、省略することは可能です。なお、令和5年10月1日からインボイス制度が始まりました。不動産オーナーによってはインボイス制度に対応した請求書等を作成しなければならない可能性があります。詳しくは第7章の「インボイス制度に冷静に対応しましょう」（200ページ）を参照してください。

▼ゴム印をつくっておくと便利です

賃貸借契約書、領収書等、貸主として自分の住所・氏名等を記載することも多いでしょうから、ゴム印を作成しておくことをお勧めします。

ゴム印に入れておくべき要素は「アパート・マンション名」「個人事業主名」「住所」「電話番号」「ファックス」「メールアドレス」等です。

住宅賃貸借契約約款

第１条　甲は乙に対し前記物件を賃貸し、乙は住居の目的をもって使用するために甲より賃借する。

第２条　本契約の期間は令和○年10月１日から令和○年9月30日までの２年間とする。

第３条　賃料・管理費・共益費は本契約書記載通りに定め、乙は甲へ毎月25日までに翌月分を甲の指定する方法により前払いをするものとする。尚、振込手数料は乙の負担とする。

第４条　乙は本契約上の権利を譲渡し、又は転貸してはならない。

第５条　賃料の改訂は、契約更新時の経済情勢に合わせて定めるものとする。但し、公租公課の増額や近隣の土地建物の価格の上昇、近隣賃貸料の増額等の事由がある場合、契約期間内でも増額を請求することができる。

第６条　乙が賃料を３カ月以上滞納したときは、甲は催告を要せず本契約を解除し、本物件の明渡しを求めることができる。

第７条　乙は次の事項に変更が生ずる場合には必ず予め、甲の承諾を得ることとする。
①本物件の居住者は契約締結当初の甲の承認を得た人員のみとし、甲に無断で乙はそれ以外の者を居住させてはならない。
②本件に対して造作・模様替え・その他現状に手を加える場合。

第８条　甲は乙に対し下記の場合には即時本契約を解除することができる。
①本契約を第１条に定める用途以外の用途に供したとき。
②書面による承諾なくして本物件を転貸し賃借権を譲渡し、第三者に占有を移し又は占有名義を変更したとき。
③その他乙に本契約の違反があったとき。

第９条　乙は甲に対し敷金として本契約書に記載した金額を預け入れる。尚敷金には利息は付けない。また、乙は本物件を明渡すまでの間、敷金をもって賃料、管理・共益費その他の債務と相殺することができない。

第10条　甲は、本物件の明渡しがあったときは、遅滞無く敷金を乙に返還しなければならない。但し、甲は本物件の明渡し時に、賃料の滞納、原状回復に要する費用の未払いその他本契約から生じる乙の債務不履行が存在する場合には、当該債務の額を敷金から差引くことができる。この場合には、甲は、敷金から差引く債務の額の内訳を乙に明示しなければならない。

第11条　乙が本契約の更新を希望する場合は、期間満了１カ月前までにその時の新賃料の１カ月分に相当する更新料を甲に支払うものとし、この場合甲は更新を拒否することができない。更新後の契約期間も更新の日から２年とし、以後は全て本契約及び前条の例による。

（以下略）

「住宅賃貸契約書」の例

住宅賃貸借契約書

貸主（以下「甲」という）と借主（以下「乙」という）とは、下記表示物件の賃貸借に関し、下記「住宅賃貸借契約約款」に基づいて、双方承諾のうえ建物賃貸借契約（以下「本契約」という）を締結する。本契約の成立を証するため、本書２通を作成し、当事者署名捺印の上、各自１通を保有する。

賃貸借の目的物の表示	名称	パークサイド駒沢　1階　101号室		
	所在地	東京都世田谷区野沢×―××―××		
	種類	共同住宅	家屋番号	××―××
	構造	軽量鉄骨造		1DK
	床面積	42.00㎡	間取り	
	物件の所有者	〈住所〉東京都世田谷区野沢×―××―×× 〈氏名〉東京　一郎		
賃貸借条件	使用目的	住居専用	敷金	130,000円（賃料の2カ月分）
	月額賃料	65,000円	礼・権利金	130,000円
	管理・共益費	円	更新料	新賃料の1カ月分
	附属施設料	円		
	契約期間	令和○年10月1日から　令和○年9月30日迄の2年間		
	貸主の解約権	解約の効力は借主が解約の書面の申し入れをした日から1カ月の経過をもって発生する		
	契約更新	乙は契約更新に際して、新賃料の1カ月分を更新料として支払う		
	支払方法及び支払期日	〈振込口座〉　ゆうひ銀行　野沢支店 普通預金　№123456 口座名義人　東京　一郎 〈支払期日〉 翌月分を毎月25日迄に支払う（翌月分前払い）		

貸主（甲）住所　東京都世田谷区野沢×―××―××
氏名　東京　一郎
借主（乙）住所　東京都世田谷区桜上水×―××―××
氏名　山田　洋

「預り証」「領収書」の例

山田　洋　様

令和○年10月1日

預　り　証

金　130,000円

但し、パークサイド駒沢101号室敷金として

東京都世田谷区野沢×－××－××
東京　一郎

山田　洋　様

令和○年10月1日

領　収　書

金　65,000円

但し、パークサイド駒沢101号室
10月分の賃料として

東京都世田谷区野沢×－××－××
東京　一郎

※インボイスの要件は考慮していません。

5 開業までの経費はきちんと区分・集計しなければなりません

▼開業のための出費は開業後、経費にできます

アパート・マンション経営は、開業までの準備期間に出費が発生します。

この開業のための準備費用は、開業後に一定の方法で必要経費とします。これを「繰延資産」と言います。準備費用として認められるものとしては、「開業セミナーの参加費用」「アパート・マンション経営予定地の調査のための旅費、ガソリン代」「連絡通信費用」「不動産業者との打ち合わせ費用」「関係先への手土産代」「開業に関する情報入手のための費用」「開業までの借入金利子」「入居者の募集費」等が挙げられます。

開業準備費とする費用の期間については、特に制限はありません。常識的には開業の半年ないし1年ぐらい前までのものが中心となると考えておけばよいでしょう。

繰延資産とはそのお金を支出した効果が支出のときだけでなく将来にもおよぶものです。そういった経費は、支出した年度に一括して費用にするのではなく、その効果のおよぶ期間（償

却期間）に分けて費用に計上しましょうというわけです。

この開業準備費用は事業開始後5年以内の範囲内であれば、いつでも好きなときに必要経費とすることができます。

ですから、この繰延資産の活用が経営のポイントの1つになります。

創業年度に一括して経費にしてしまうと、売上より経費が多くなり、赤字になってしまう可能性があります。よって開業後何年か経過して所得が大きくなり、より税率が高くなった時点で経費化するのが最も効率的で節税効果が大きいでしょう。

▼領収書や支払の記録は必ず保存しておきましょう

もちろん、必要経費として認められるためには、領収書またはノートに支出日、相手先、支出目的を記入して、領収書や出金伝票（90ページ参照）を保存することが必要です。

なお、1年以上の長期にわたって、事業活動に使用され、「資産」となるもの（パソコン、什器備品等）は開業準備費に含めることはできません。開業準備費に含めることができないものは、減価償却資産として定められた耐用年数により減価償却費として費用化します（一定の少額減価償却資産については、購入した年度に一括して必要経費にすることができる特別措置があります。98ページ参照）。

6 建築・購入時の費用は経費と資産に分けてください

▼経費化できない出費もあります

アパート・マンションを建築、購入すると、さまざまな出費が発生します。

アパート・マンションの購入金額・建築代金や土地の購入代金はもちろんのこと、不動産の購入に伴って不動産業者に仲介手数料、売主に固定資産税の精算金を支払うこともあります。

また、不動産を取得したことによって課税される不動産取得税、登録免許税、契約書に貼付する印紙税などの税金も支払う必要があります。

これらの出費も前項と同じように必要経費にできるのでしょうか。

税法上は、出費の種類によっては、不動産の購入代金(固定資産)に含め、減価償却の対象にしなければなりません。

どのような出費が経費計上できて、どのような出費が減価償却資産になるのか、この点についてまとめたものが次ページの表です。

固定資産と経費の区分

一時に経費計上してよい出費	資産計上すべき出費
●不動産取得税	●仲介手数料
●登記費用・登録免許税	●固定資産税の精算金
●印紙税	●地質調査費
●ローン手数料	●測量費
●保証料（期間按分）	●建築確認申請の費用
●火災保険料（期間按分）	●土地の造成、改良費用
	●住民対策費
	●借入金の利子で事業開始前の期間にかかるもの
	●地鎮祭・起工式費用

表に記載されていない出費については、その内容を吟味して総合的に判断することになります。

その判断は、「その出費が不動産購入のために『ひも付き』のものであるか」という点に着目して行います。

つまり、購入のために直接必要なものであるかということです。

「ひも付き」であれば資産計上します。

経費計上してもよい出費、資産計上しなければならない出費を、事前にしっかり把握しておくことが、健全なアパート・マンション経営を始める上での重要なポイントです。

7 事業用の資金と生活費も区別が必要です

▼事業資金と生活費との混同は命取りです

サラリーマンなどの給与所得者の給与は、当然のことながらすべて本人が自由に使ってよいものであり、それをどう生活費や貯蓄等に振り分けるかも個人のライフプランに任されていました。

しかし、アパート・マンション経営では、収入すべてを生活費とすることはできません。その事業の必要経費として支出される予定のものや、将来の修繕や改築のための貯蓄など、経営計画に基づいて事業用資金に活用する必要があります。

事業を効率的に行う上で、事業用資金と個人の生活費とを明確に区別してください。

次のように一定のルールを決めてしまいましょう。

①生活用、事業用の通帳をそれぞれ作成する

②事業用の通帳に家賃収入等を入金し、事業上の支出も通帳から支払う（現金で受け取った場

合は全額預け入れる）
③生活用の通帳には月1回生活費を事業用通帳から振り込む
④事業上の自動振替（アパートの水道光熱費等）は事業用の通帳から、生活用の自動振替（自宅の水道光熱費等）は生活用の通帳からの引き落としにする

こうすると基本的に事業用の現金と、事業主の個人的な生活費としての現金を区分することができ、生活費も安定的に確保できるようになります。

▼適正な生活費を決めましょう

ここで問題になるのは、生活費としていくらくらいのお金を事業の収入から回していいかという点です。上限は収入金額から必要経費を差し引いた額（所得）の2分の1（所得の50％を税金等とみる）、下限は自分の生活に実際に消費される額です。

上限以上の生活費がかかるようだと、資金はいずれ底をつくことになります。また借入金の返済があれば、この残った額から返済資金を出すことになりますので、さらに上限は下がります。もっと厳しいことを言えば、事業が拡大するとさらに運転資金が必要ですから、運転資金の蓄積もしなければなりません。くれぐれもお金にはシビアになりましょう。

それでは、アパート・マンション経営を始めましょう。

第3章

アパート・マンション経営を会社形態にすることもできます

アパート・マンション経営を会社形態で行ってみてはいかがでしょうか。社長になれる、節税面で有利などメリットは少なくありません。会社が簡単に設立できる時代です。本章を参考に検討してみてください。

1 会社をつくれば社長になれます

▼カンタンに会社がつくれるようになりました

アパート・マンション経営をしていると、さまざまな人に会います。建築会社、不動産会社、給排水設備や冷暖房の設備の業者さん、金融機関に町内会など、実に多くの人たちです。

そうすると、あなたは自分の身分を紹介するものがないことに気づくでしょう。

「不動産経営　山田太郎」とか「マンション経営　鈴木一郎」とは名刺に書きにくいものです。

そこで、アパート・マンション経営を会社形態にしてはいかがでしょうか。

会社を設立するのです。

「株式会社○○管理」とか「株式会社○○マネジメント」という名称だと名刺も見栄えがよくなります。現在は、資本金が１円でいいなど低コストで株式会社がつくれるようになっています。アパート・マンションの経営者であり、さらに会社の経営者になればあなたを見る周囲の目が変わってくると思います。

2 節税・社会的信用のメリットと手間とコストのデメリットを比較します

▼給与を役員報酬にすると高い節税効果が期待できます

アパート・マンション経営を会社形態にした場合、「会社の社長になれる」「代表取締役の身分につける」といった肩書きが持てるだけでなく、節税面のメリットも少なくありません。

まず会社形態にすることにより不動産所得を軽減できます。個人でアパート・マンション経営を行う場合、収入金額と必要経費の差額が不動産所得となり、これに税金がかかります。例えば収入金額が年1800万円、経費が800万円の場合、差引不動産所得は1000万円です。

これを会社形態で行った場合でも、法人税の算出方法は同じですから、このままでは1000万円に対して法人税等が課されてしまいます（合計約30％）。

ですが、会社形態の場合、この1000万円を役員報酬として支払うと、会社の所得はなくなり、法人税等が課税されなくなるのです。

そしてこの1000万円の役員報酬に対しては、所得税の計算上195万円の給与所得控除が受けられます。

つまり、個人でアパート・マンション経営を行う場合、不動産所得が1000万円生じるのに対し、会社形態の場合は、この1000万円を役員報酬として受け取ることで、トータルの所得を、給与所得805万円に圧縮できるのです。

また、家族を役員として役員報酬を分散した場合は、さらに給与所得控除が増え、節税効果が大きくなります。例えば先のケースでは、1000万円の役員報酬を500万円ずつ2人に支払えば2人合計で288万円の給与所得控除が受けられ、所得の分散が行えます。

青色申告者が家族へ支払う給与は、青色専従者給与として経費にできますが、支払うことができる人は「専従」している人に限られ、かつ支払額もあらかじめ税務署に届出た金額までと限定されているので（43、96ページ参照）、役員報酬にしたほうが柔軟性があり、メリットも大きいと言えるでしょう。

▼相続税の軽減にも有効です

このように役員報酬を使い不動産所得を軽減すると、親世代に家賃がたまり続けることによる所有者の資産の増加を抑え、子ども世代の財産づくりにも効果があります。

また、親世代の現金を不動産化（または借入金で不動産購入）することは相続税評価額を軽減することができるため、相続税の節税に有効です。

ただし、相続税の節税を目的とした会社をつくる場合、この会社の株主が親になっていると、会社の利益が蓄積された場合、株主である親の資産が株価の上昇ということで増えてしまいます。株主には子どもがなることが望ましいでしょう。

▼なにかと手間や費用がかかります

反対に、会社をつくってアパート・マンション経営をすることのデメリットには次のようなものがあります。

①会社の設立費用がかかる

株式会社の設立費用で24万円前後、合同会社でも6万円前後かかります。

②運営費用がかかる

会社形態では個人の所得税申告よりもしっかりした帳簿づけを行わなければなりません。経理や税務の知識は税理士等の専門家の手を借りる必要があります。

この専門家の費用に加え、法人は所得がなくても均等割（最低7万円）という住民税がかかるため家賃収入が少ないと費用倒れになってしまいます。

3 全部で4種類の会社がつくれます

アパート・マンション経営を会社として行うには、会社が建物の管理だけを運営する方法（管理受託会社、サブリース会社）、建物を所有して管理を行う方法（建物所有会社）、土地、建物を所有し管理を行う方法（土地建物所有会社）があります。

それぞれの場合で、税務上のメリット、デメリットを紹介しましょう。

▼「管理受託会社」は管理だけを行います（71ページ参照）

不動産を所有している人が、その不動産を賃貸するとき、管理受託会社に管理を行ってもらう方法です。

この場合、管理受託会社がオーナーの親族による同族会社の場合には、賃貸収入の一部を会社が受け取り、親族に対して給与を支払うことで所得の分散ができ、不動産所有者の相続税対策にもなります。

どのタイプの会社が得か

	所得税対策	相続税対策	その他
管理受託方式	△	×	家賃収入の5～10%が管理料の限度
サブリース方式	△	△	家賃収入の10～15%が管理料の限度
建物所有方式	○	○	投資効率がよく収益率が上がる
土地建物所有方式	△	◎	投資額が多くなるが相続税の軽減効果が高い

管理受託会社へ支払う管理料については、通常、家賃収入の5～8%とする場合が多いようです。

ただ、管理料が高額だったり、管理の実態がない場合には、税務上否認される可能性が高いので注意が必要です。

デメリットとしては、管理受託会社設立のため、事務処理の負担増などで、かえってコストがかかることが考えられます。

▼「サブリース会社」は「また貸し」をします（71ページ参照）

管理受託会社の場合とメリット、デメリットは同じですが、サブリース会社は管理受託会社がオーナーから直接不動産を賃借するため、所得分散効果はより大きくなります。

ただし、この場合でも管理受託会社が収受する額は入居者からの収入の10～15％が目安となります。

▼「建物所有会社」はアパート・マンションを建てます（73ページ参照）

オーナーが所有している更地の上に同族会社がアパート・マンションを建築する方法です。家賃収入を会社が収受するため、オーナーの所得税対策になります。

ただし、この場合には重要な制約があります。

会社が個人の土地を借りるときには、権利金をオーナーに支払うか、権利金を支払うかわりに「相当の地代」を支払う必要があります。

この「相当の地代」とは、土地の更地価格のおおむね年6％程度の地代です。土地の更地価格は、原則はあくまでも通常の時価のことを指しますが、課税上弊害がない限り、相続税評価額（過去3年間の平均でも可）の6％でもよいことになっています。

ただこれは、建物所有会社にとってかなり負担になるため、この場合**「土地の無償返還届出書」**を会社、オーナー連名で税務署長に提出すれば、権利金や相当の地代を支払わなくてもよく、通常の地代を支払うだけですみます。この方式で賃貸経営をする場合は必ず「土地の無償

各タイプの運営形態①

管理受託会社方式

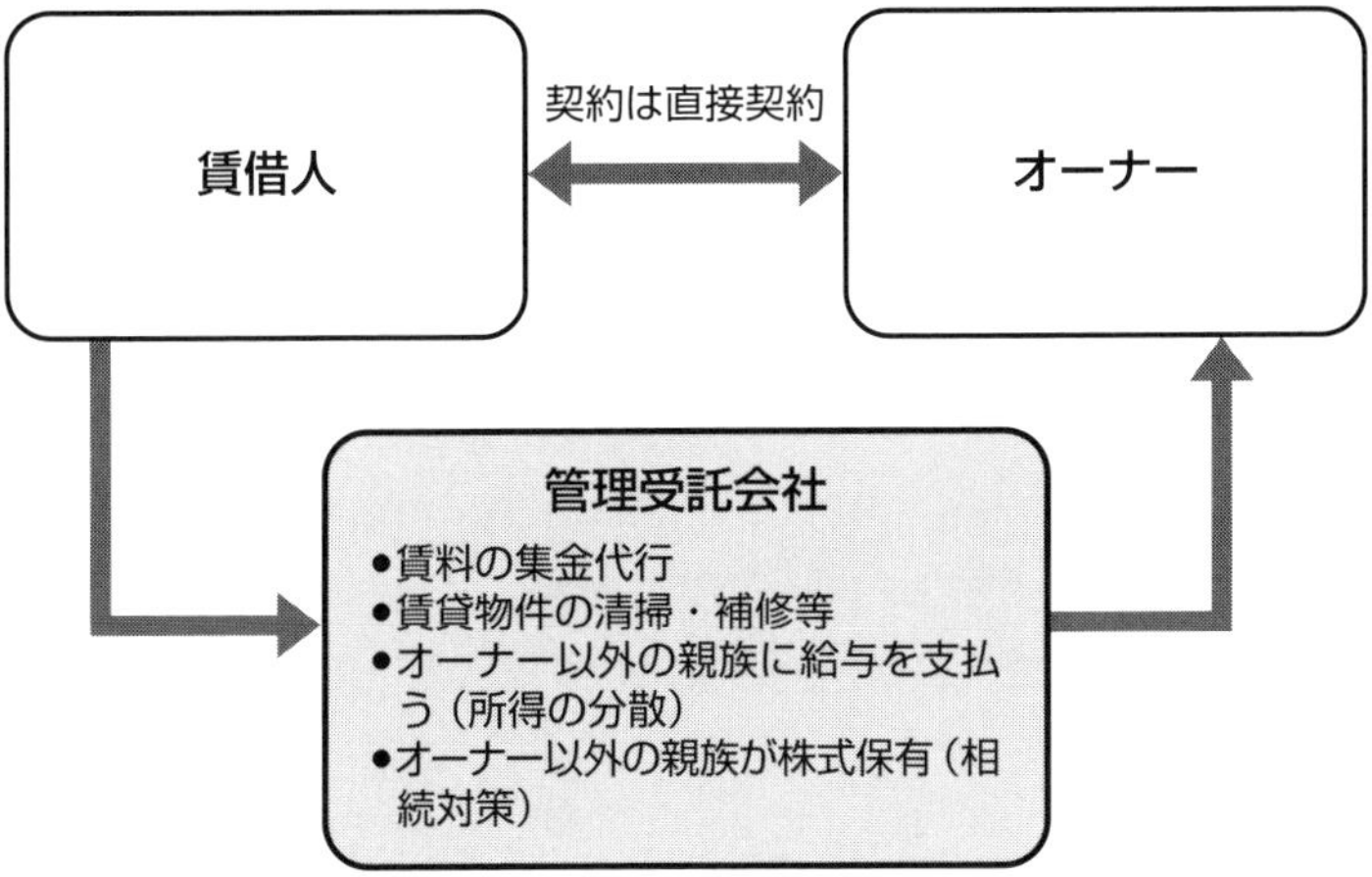

サブリース会社方式

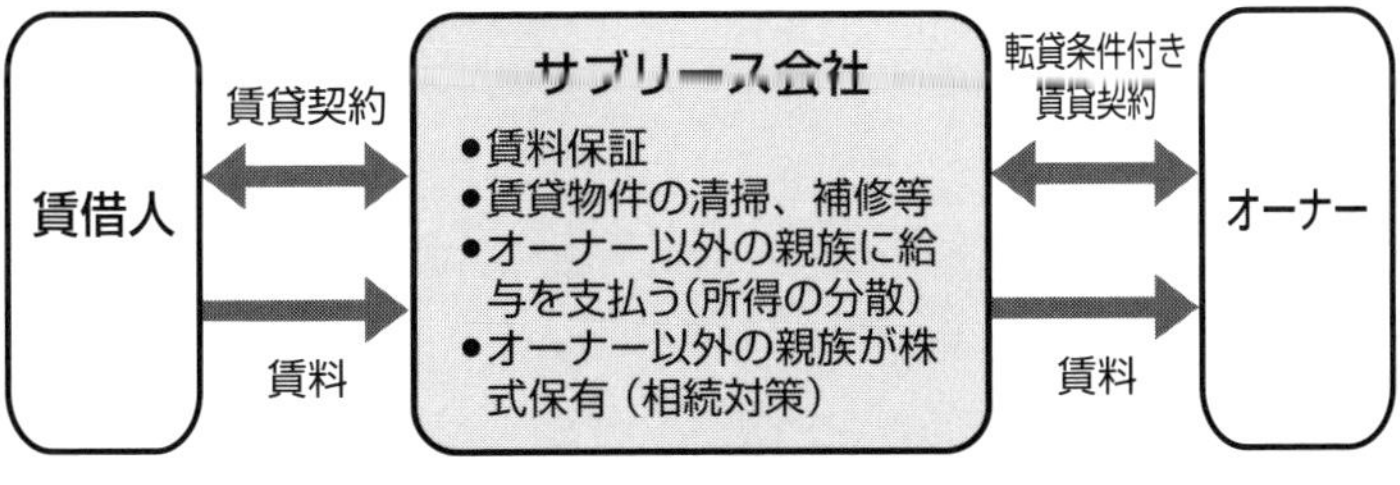

返還届出書」を提出してください。

▼「土地建物所有会社」は土地も建物も所有します（次ページ参照）

会社が最初から土地と建物を所有してアパート・マンション経営を行う方法です。一般的な不動産会社と同様の形態です。土地の購入もあるため多額の資金が必要になります。場合によっては多額の借入金も必要です。

前述した3方式と異なり完全な不動産経営と言えます。それゆえに収支計算やキャッシュフロー計算の精度が求められます。

各タイプの運営形態②

建物所有会社方式

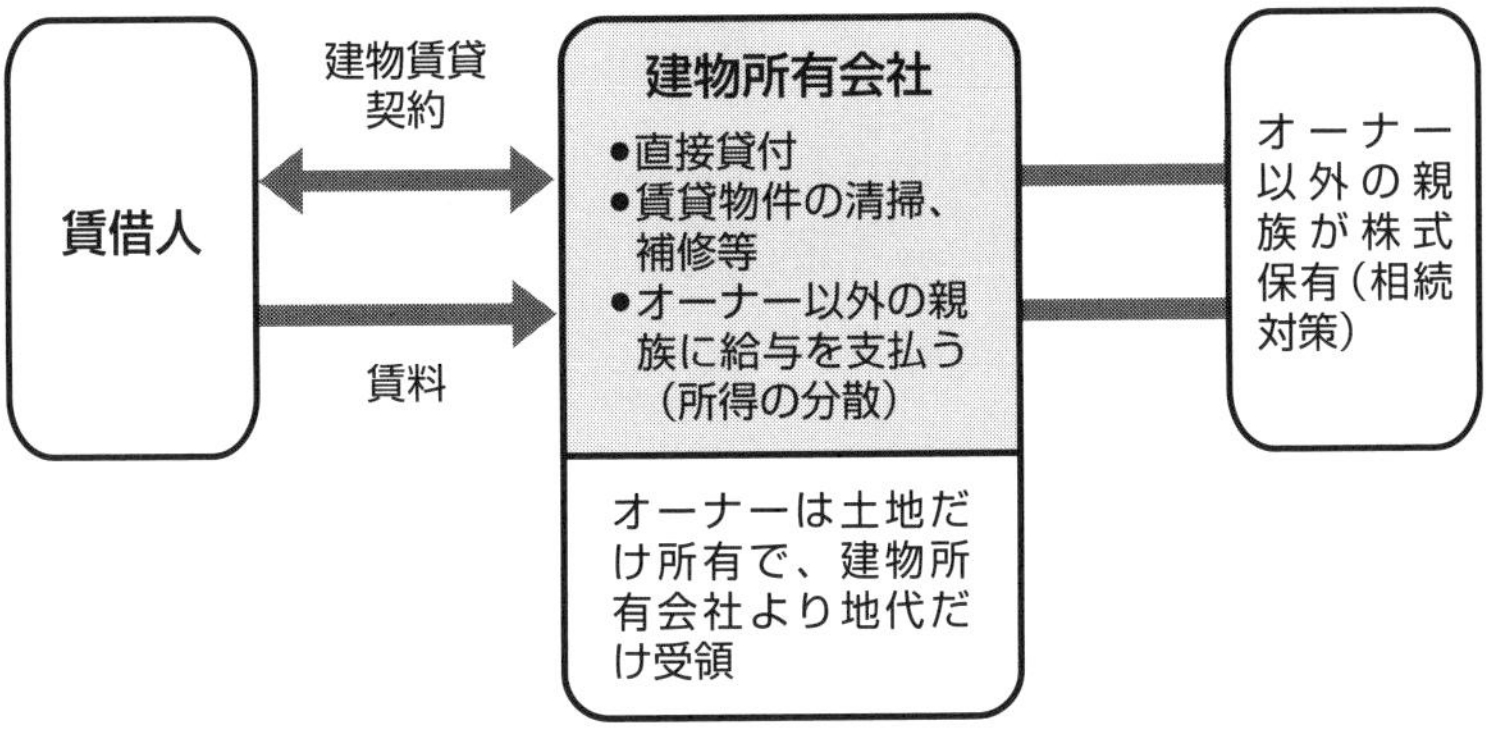

土地建物所有会社方式

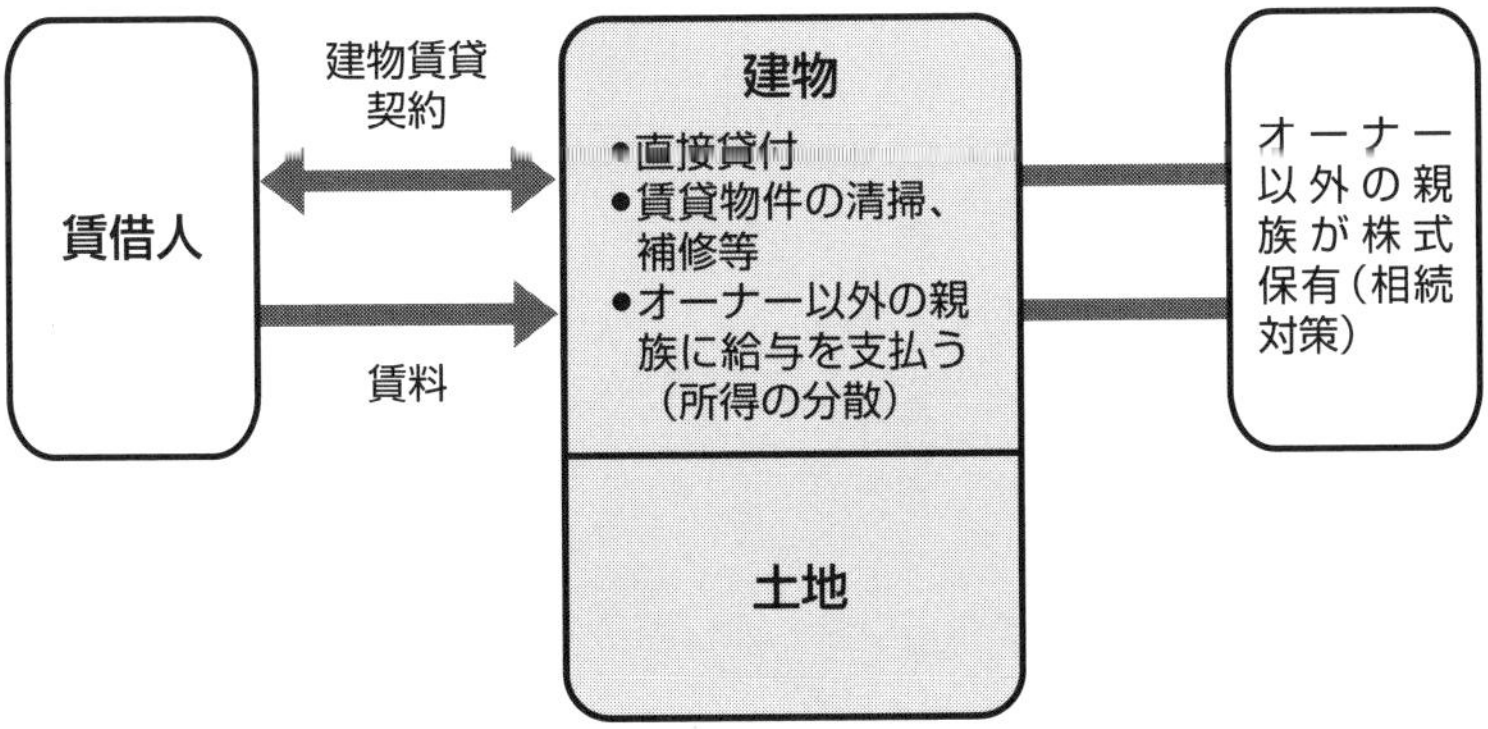

4 個人事業と会社経営の分岐点を考えましょう

▼年間所得3000万円が目安です

結局のところ、アパート・マンション経営を行うとき、個人事業と会社経営のどちらが有利なのでしょうか。

先ほども見たように、個人でアパート・マンション経営を行う場合、収入金額と必要経費の差額が不動産所得となり、その全額が課税対象になります。これは会社形態でも同様です。

ただ、会社形態の場合、この差額を所得とせず、役員報酬として支払うと、給与所得控除が受けられ、課税額を圧縮できるという利点があります。もっとも、法人化するためには、登記費用や、決算書・確定申告書作成を専門家へ依頼するコストがかかります。一概に金額基準を示すことは困難ですが、管理受託会社の場合には、年間所得が3000万円を超えるくらいになったら、法人化したほうが有利と言えるでしょう。新たにアパート・マンション経営を始めるのであれば、まずは個人事業の形態から始めるのが堅実な選択だと思います。

第4章

アパート・マンション経営でこれだけ節税できます

賃貸事業には実にさまざまな節税の方法があります。相続税、固定資産税をはじめ、大家さんの税金を抑えるポイントを紹介します。

1 アパート・マンションを建てると固定資産税が安くなります

アパート・マンション経営にはさまざまなメリットがあります。その1つが節税です。この章ではアパート・マンション経営を利用した節税策を紹介していきましょう。

▼更地に家屋を建てると固定資産税の節税になります

固定資産税とは不動産を保有している場合、その所有者に対して課される税金です。毎年1月1日時点の土地・建物その他の固定資産の所有者に対し、市区町村が課税します。市区町村は次の算式で税額を計算し、納税通知書を作成し所有者に送付します。所有者（納税者）は納税通知書を受け取ったら、一括払いまたは年4回の分割払いを選択し納税します。

税額の計算式は以下の通りです。

固定資産税＝課税標準（＊）×1・4％

＊課税標準とは市区町村の固定資産課税台帳に登録されている固定資産税評価額です。

その際、居住用の家屋を建築すると土地の固定資産税が安くなります。具体的には、住宅用地は200㎡以下の部分を「小規模住宅用地」、200㎡超の部分を「一般住宅用地」と言い、課税標準がそれぞれ6分の1と3分の1に軽減されます（ただし建物の床面積の10倍が上限とされます）。

このため土地を更地や駐車場用地として保有するよりも、住宅用地として保有しているほうが固定資産税は安くなるのです。

▼アパート・マンション用地であればさらに安くなります

さらに、アパート・マンション用地であれば、アパート・マンションの1部屋について200㎡以下の部分が「小規模住宅用地」として課税標準が6分の1になり、軽減を受ける面積が1戸建用地よりも広くなります。

それぞれのケースの税額を比較してみましょう。

◆地積300㎡、課税標準9000万円の土地の場合

①駐車場として貸し付けている場合
9000万円×1・4％＝126万円
②1戸建住宅を建築した場合
9000万円×200㎡／300㎡×1／6＝1000万円（小規模住宅用地部分）
9000万円×100㎡／300㎡×1／3＝1000万円（一般住宅用地部分）
（1000万円＋1000万円）×1・4％＝28万円
③アパート4世帯を建築した場合
9000万円×1／6（＊）×1・4％＝21万円
＊300㎡すべてに小規模住宅用宅地の軽減が受けられる

今回のケースでは軽減措置を受けた場合（②③のケース）は受けない場合（①のケース）よりも年間100万円前後（②＝98万円、③＝105万円）固定資産税が安くなり、節税効果があることがわかります。

また、これら住宅用地の軽減措置は原則申請が必要ですが、特に申請しなくても通常市区町村が手続をしてくれます。

2 新築にすれば不動産取得税が軽減されます

▼令和9年3月31日までは税率が安くなっています

不動産取得税は土地や家屋を取得（家屋の増改築を含みます）したときにかかる税金です（相続により取得した場合や、その他一定の場合は免除になります）。

不動産を登記してから、半年後くらいに都道府県から納税通知書が送られてきます。

不動産取得税は次の算式によって都道府県が計算します。

不動産取得税＝固定資産評価額×税率

この税率は通常4％ですが、いくつか特例があるので紹介しましょう。

まず、土地に関しては、令和9年3月31日までに取得した場合、税率が3％になります。

さらに宅地であれば、

不動産取得税＝固定資産税評価額×１／２×税率

とする特例が設けられています。

また、建物に関しても、令和９年３月31日までに取得した住宅の税率は３％、店舗、事務所等については４％で計算されます。

▼住宅用アパート・マンションの新築時には軽減措置があります

それでは、アパート・マンションを持つことによる、この不動産取得税の軽減効果を見てみましょう。

アパート・マンションを新築した場合、一定の要件を満たせば建物の固定資産評価額から１戸あたり１２００万円の控除が受けられ、税率が３％となります。

建物税額＝（固定資産税評価額－１２００万円）×３％

この軽減措置は、アパート、マンションの場合、新築に限り適用されます。中古のアパート、マンションには適用されないので注意が必要です。

▼土地を新築用に取得するときにも軽減措置があります

土地に関しても、次のような控除があります。

土地税額＝（固定資産税評価額×1／2×3％）－控除額（＊）

＊控除額は次のいずれかから多い金額を選択

イ　4万5000円

ロ　土地1㎡当たりの固定資産評価額×1／2×住宅の床面積の2倍で200㎡まで×3％

この軽減措置も、新築に限り適用され、中古のアパート、マンションには適用されません。

▼「不動産取得税課税標準の特例適用申告書」の提出が条件です

この軽減措置を受けるためには、土地・建物につき「不動産取得税課税標準の特例適用申告書」をその取得の日から60日以内に都道府県税事務所に対して提出する必要があります。

また、土地・建物についてはそれぞれ以下の要件を満たす必要があります。

◆土地

①建物が下記新築建物の条件を満たすこと

②土地を先に買う場合→土地の取得から3年以内に建物を新築すること（令和8年3月31日までの特例）

③建物を先に買う場合→土地を借りるなどして建物を新築した人が新築後1年以内にその土地を取得すること

◆建物（増改築を含む）

①1戸建の場合→現況床面積が50㎡以上240㎡以下であること

②アパート・マンション、貸家等の場合→現況床面積が40㎡以上240㎡以下であること

中古の1戸建を取得し、貸家として他人に貸すことにした場合は、不動産取得税の軽減措置を受けられません。

また、先述したように、中古のアパート、マンションを購入して他人に賃貸する場合には不動産取得税の軽減措置の適用はありません。

「不動産取得税課税標準の特例適用申告書」の記入例

東京都

都税条例施行規則
第41号様式(甲)（条例第45条・第48条等関係）
（提出用）

東京都　世田谷　都税事務所長／支　庁　長　宛　　　令和　○　年　10月　5日

受付印

不動産取得者　〒　154-0003
住　所　東京都世田谷区野沢X-XX-XXX
氏名《ふりがな》(名称)　東京《とうきょう》　一郎《いちろう》
電話番号　03-XXXX-XXXX

不動産取得税申告書

（取得に係る申告 ／ 減額・課税標準の特例適用申告）

次のとおり別紙書類を添付して申告します。

受付番号	
納税通知書番号	

土地

所在・地番		地積
		㎡
地目	取得年月日	取得原因
□宅地　□雑種地 □その他 （　　　）	年　月　日	□売買 □交換　□贈与 □その他（　　　）

土地の譲渡先が住宅を新築する場合、その譲渡先	住所	
	氏名(名称)	

家屋

所在地	家屋番号	床面積
東京都世田谷区野沢X-XX-XXX	XX-XX-X	430　㎡

用途	構造	取得(予定)年月日	取得原因
住宅　□自己居住 ☑貸家　□その他 非住宅　□事務所　□店舗 □その他（　　）	□木造　☑鉄骨 □鉄筋　□鉄骨鉄筋 □軽量鉄骨 □その他（　　）	令和 ○年　9月　10日	☑新築　□売買 □交換　□贈与 □その他（　　　）
住宅部分の床面積	特例適用住宅の戸数	着工予定年月日	新築(完成予定)年月日
430　㎡	12　戸	令和 ○年　2月　1日	令和 ○年　9月　10日

住宅の新築(予定)者（□ 取得者に同じ）	住所	
	氏名(名称)	

摘要

当てはまる項目があればチェックを入れてください。補足がある場合には、余白に御記入ください。

□元々所有していた家屋の敷地を取得 建替え予定なし)
□今回取得した家屋を取り壊す　取壊し完了(予定):　　　年　　月】

受付印が押印された控が必要な方は、切手を貼った返信用封筒を添えて提出してください(2枚目(控)の裏面もご覧ください。)。

3 更地に比べ相続税の評価が下がります

▼遊休地に賃貸物件を建設すれば、土地の評価が下がります

土地の評価は、通常路線価額により、また路線価額の定められていない地域では固定資産税評価額に一定の倍率を乗じて求めます。

建物の評価は固定資産税評価額をもとに算出されますが、一般的にこの固定資産税評価額は建築価格の6～7割前後となっているようです。

▼土地は約20％の評価減です

この土地の評価は、アパート・マンションを建てると下げることができ、相続税の節税効果があります。

アパート・マンションを建てた場合の相続税の土地評価額は、以下の算式で計算されます。

更地の評価額×（1－借地権割合×借家権割合）

借地権割合は地域によって異なりますが、60～70%というところが一般的です。借家権割合は、全国一律30%です。

したがって、上記算式によると、借地権割合に借家権割合をかけた分だけ評価が下がりますので、更地の評価に比べ約18～21%の評価減になります。

▼建物は30%の評価減です

また、家屋も貸家については、以下の算式で、評価額が計算されます。

建物の固定資産税評価額×（1－30%）

貸家については、30%の評価減が設けられています。元々、家屋の評価額は、建築代金の6～7割で評価されて、さらに貸家の評価減があるため、結果的に相続税の評価額が建築代金の約50%になるとされています。

土地の評価というものは、その利用状況によって評価の仕方が異なります。更地にアパート・マンションを建てた場合、借家人には建物に対し借家権が生じ、アパートの敷地にも間接的支配権が生じます。そのため、土地の所有者はその土地を自由にできないという制約を受けることになります。

この制約が評価額を減じ、節税効果を生むことになるのです。

アパート・マンション経営による相続税の節税効果については、第6章で詳しく解説していますので、そちらをご覧ください。

4 事業にかかった費用は全額経費です

▼税金計算の際、所得から経費を引くことができます

不動産を賃貸している場合には、その賃貸料収入は所得税法上、不動産所得として所得税の課税対象となります。

その年の所得税額は、不動産所得に給与所得など他の所得を合算して確定申告により算出します。

また、所得に対しては所得額に応じて住民税が課税され、さらに事業として不動産の貸付を行っている場合には、事業税も課税されることになります。

その一方で、事業にかかった必要経費はすべて経費となり、また青色申告を選択することでさまざまな税務上の特典が受けられるほか、配偶者や子どもがアパート・マンション経営に専従しているのであれば、青色専従者給与としてその給料を必要経費にできるなど、節税上のメリットも少なくありません。

▼不動産所得の計算方法

不動産所得は次のようにして計算します。

不動産の総収入金額－必要経費

収入金額に含まれるものには、「家賃・地代」「権利金」「更新料」「礼金」「共益費などの名目で受け取る電気代、水道代や掃除代等」「敷金・保証金のうち、返還を要しないもの（退去時に返還する分は収入金額に含まれません）」等があります。

なお、不動産所得の収入金額には、賃貸借の契約等によってその年の1月1日から12月31日までの間に、収入すべき金額として確定した家賃、地代、賃貸料などの金額が当てはまります。つまり家賃が未収のものでも収入金額に含めなければいけません。

一方で、不動産賃貸に伴って発生した事業上の支出のうち一定のものは必要経費として収入金額から差し引くことができます。

収入金額の計上時期、必要経費の区分については、次ページの表を参考にしてください。

収入金額と必要経費

不動産賃貸収入の計上基準

区分		収入計上時期
契約、慣習により支払日が定められているもの		定められた支払日
支払日が定められていないもの	請求があったときに支払うべきもの	請求の日
	その他のもの	実際に支払を受けた日
礼金・権利金・更新料等	貸付物件の引渡を要するもの	引渡のあった日（契約の効力発生日でも可）
	引渡を要しないもの	契約の効力発生日
返還を要しない敷金・保証金		返還を要しないことが確定した年分

不動産賃貸必要経費の区分

必要経費として認められるもの	必要経費として認められないもの
●土地・建物にかかる固定資産税・都市計画税 ●事業税 ●消費税（税込経理による場合に限ります） ●収入印紙 ●修繕費（大規模修繕など資本的支出に該当するものを除きます） ●損害保険料（掛け捨てのもので、その年分のみ） ●不動産会社への管理手数料 ●管理会社への管理費 ●入居者募集のための広告宣伝費 ●税理士・弁護士への報酬 ●減価償却費 ●立退料 ●共用部分の水道光熱費 ●土地の購入・建物の建築の借入金利息 （事業開始後に支払った部分） ●その他雑費（掃除、消耗品代等）	●借入金の元本返済部分 ●所得税 ●住民税 ●事業に関連しない支出（自宅にかかる経費等）

5 領収書のない支払を経費にしましょう

▼出金伝票を切って領収書のかわりにします

アパート・マンション経営のために支払った金額を経費として処理するためには、領収書を保存しておく必要があります。

領収書は実際に経費として支払っていることを証明する書類です。その一方で領収書がもらえない、次のような支払があります。

- **移動時の電車賃、バス代**
- **自動販売機で購入した物品代**
- **香典、祝い金等の支払**

これらの領収書のない支払は一切経費にできないのでしょうか。

結論から言えば、アパート・マンション経営のために使ったのですから経費にできます。

しかし、実際に支払ったところを第三者が見ていて証明してくれるわけではありませんから、きちんと信頼性を持たせる必要があります。

そのため、領収書のない支払をしたら、そのつど市販の出金伝票を使い、領収書のかわりに活用しましょう。

出金伝票に日付、金額、支払先を正確に記入し、内容についても明らかになるようにきっちり記入しておきます。次ページの記入例を参考にしてください。この出金伝票を領収書のかわりとして保存しておくのです。仕訳伝票という一見時代遅れの帳票ですが意外に役立ちます。

後で金額などがわからなくならないように、支払のつど、忘れずに記入するよう習慣にしてしまいましょう。

さらに、交通費等であれば、精算の明細に業務の内容を記載した業務日報なども合わせて保存しておけば、証拠書類として有用です。慶弔の支払については礼状や案内状などがあればこれらも証拠書類となります。一緒に保存しておきましょう。

また、領収書のない支払はほとんどが現金支払のはずですから、その現金支払は現金出納帳に記載します。現金出納帳にも詳細を記載しておけば、時間的経過が明瞭ですから、さらに証拠能力を増します（165ページ参照）。

近年は交通系ＩＣカードで支払い、明細を保存しておけば伝票などを省略できます。活用してください。

領収書のない出費は出金伝票等に記載して保存

出金伝票　No.

○　年　6　月　15　日

承認印				係印	

コード		支払先	リザルト株式会社　様

勘定科目	摘要	金額
接待交際費	創業10周年記念	30000
	パーティー祝い金として	
合計		¥30000-

コクヨ　テ-2

出金伝票　No.

○　年　8　月　10　日

承認印				係印	

コード		支払先	東京急行　様

勘定科目	摘要	金額
旅費交通費	駒沢大学 ⇄ 渋谷	300
	(株)東都ハイム	
	広告打ち合わせ	
合計		¥300

コクヨ　テ-2

6 なにはともあれ青色申告を選択しましょう

▼青色申告によってここまで節税することができます

アパート・マンション経営にかぎらず、節税と言えば、何はさておき「青色申告をする」ことです。

青色申告とは簡単に言うと、「簿記のルールに従って正確に帳簿をつけ、正しく納税をする」と約束することで、税金をまけてもらえる制度です。この制度を使わない通常の申告を白色申告と言います。青色申告を選択すると主に次のような特典が受けられます。

①青色申告特別控除が使える

アパート・マンション経営を、事業的規模（一般的には、10室以上あるアパートの賃貸等。貸家なら5棟以上）で行っていて、簿記のルールに基づいて記帳、作成した貸借対照表と、損益計算書を添付して申告期限内に提出している場合には、原則として所得から55万円（電子申告または電子帳簿保存を行うと65万円）が青色申告特別控除として控除されます。

なお、事業的規模に満たない場合でも簡便な記帳で10万円を控除することが認められます。

②青色事業専従者給与を経費にできる

アパート・マンション事業に従事している家族に給料を出す場合、白色申告なら実際に出した給与の金額にかかわらず、必要経費にできるのは配偶者が86万円、子どもは50万円までの事業専従者控除額に限られます。

これに対して青色申告なら労働に対する対価として相当である金額に限られるものの、給与として出した全額が経費になります。

なお、青色事業専従者として給与の支払を受ける人については、配偶者控除や扶養控除の対象とはならなくなります（97ページ参照）。

③純損失の繰越と繰戻

アパート・マンション経営による所得が赤字になり、他の所得と損益通算しても純損失が生じたときには、その損失額を翌年以後3年間にわたって、各年分の所得から差し引くことができます。

ただし、損失のうち、土地等を取得するためにかかった負債の利子の金額については、損益通算の対象になりません。つまり、損失の額が負債の利子の額を超える場合、その超えた部分の額が損益通算の対象になります。

また、前年も青色申告をしている場合は、損失額を前年の所得から差し引き、前年分の所得税の還付を受けることもできます。

④特別償却・税額控除その他特別な減税制度を適用できる

固定資産の償却が法定の償却額より多く経費にできる特例など必要経費を余分に計上できる制度等、青色申告であれば優遇される特例が数多くあります。

▼メリットを受けるためには正確に帳簿をつける必要があります

このような優遇を受ける条件として青色申告者には「定められた帳簿を備え正確に記帳する」「帳簿に基づいて青色申告決算書を作成する」「帳簿を7年間保存しておく」ことが求められます。

多少の手間はかかりますが、ぜひ挑戦してください。

アパート・マンション経営者の多くは青色申告を選択し、節税のメリットを受けています。

7 家族を青色申告事業専従者にすると給料を全額経費にできます

▼適正な給料の設定がポイントです

自分の家族に生活費やおこづかいを渡しても、その金額を経費にすることはできません。ですが、家族を従業員にして給料を出した場合、その家族が青色事業専従者で、その給料が仕事の内容に照らして適正な金額であれば、これを経費にすることができます。

青色事業専従者とは、青色申告をしている事業主の家族で次の条件に当てはまる人です。

- **事業主と生計を一にしていること**
- **その年の12月31日で15歳以上であること**
- **その年を通じて6カ月超、その仕事に専ら従事していること**

簡単に言えば「同じ屋根の下に暮らしている家族のうち事業を手伝ってくれる人」ですが、「その仕事に専ら従事」という条件がありますので、パート収入など別に職業についている場合や、学生である場合には青色事業専従者には当てはまりません。

次に、「適正な給料の金額」についてですが、具体的な仕事の内容や時間に応じて決めることになります。高すぎる金額は経費として認められません。

「もし他人を雇って同じ仕事をさせるとしたらいくらまで出せるか」を基準に考えてください。

一方、この金額は安すぎても意味がありません。なぜならば家族が青色事業専従者になると、その家族は、配偶者控除や扶養控除が受けられなくなるからです。

例えば月に3万円程度しか給料を出さない場合、給料として1年分の経費に出来る金額は36万円です。配偶者控除・扶養控除は38万円（配偶者控除は納税者本人の合計所得金額が900万円以下の場合）ですから、給料を出さずに所得控除を受けたほうが得だったということになってしまいます。

なお、青色事業専従者に払う給与を、青色事業専従者給与と言い、「青色事業専従者給与に関する届出書」として、税務署へその金額を届出る必要があります（43ページ参照）。

配偶者や子どもへ出した給料は、給与所得として所得税・住民税がかかります。ただし、給与所得については給与所得控除という概算経費の控除が認められ、家族それぞれについて所得控除が使えます。

所得税は所得の金額が大きければ大きいほど税率が高くなる税金です（累進課税）。

家族に給料を出して所得を分散することで事業主1人に所得が集中することを防ぎ、累進税率の緩和・所得控除の最大限の活用が可能になるのです。

8 資産の購入は30万円以内に抑えましょう

▼資産と減価償却について理解しましょう

アパート・マンション経営は立派な事業です。例えば、パソコン、電話器、FAX、机、椅子、書類を入れるための棚、商談をするための応接セット等の備品類、移動のための車など、これらは事業をするうえでの必需品です。

ただ、中にはかなり高額なものもあります。これら資産の購入金額はすべて支払った年の経費とできるかと言えば、残念ながらそうすることはできません。どれも1年で使い切ってしまうものではなく、何年もかけて使用するものなので、その使用する期間にわたって分割して経費にしなければならないのです。

これがいわゆる減価償却です。

▼資産を全額必要経費にする方法があります

少額、一括償却資産の償却方法

10万円未満	全額支払った年の経費にできる
20万円未満	一括償却資産として毎年1／3ずつ経費にできる
20万円以上	減価償却する

令和8年3月31日までの青色申告の特典として

30万円未満	全額支払った年の経費にできる（年間総額が300万円まで）

減価償却は資産ごとに償却すべき方法が定められています。ですが、資産の購入金額によっては支払時に一括して経費にできるという特例があります。

ぜひこの特例を利用しましょう。

青色申告していることが条件になりますが、30万円未満の金額は必要経費とすることができます（令和8年3月31日までの青色申告の特典。年間の合計額が300万円まで）。ポイントは「未満」です。30万円ちょうどの資産を買うと全額落とすことはできません。

例を挙げてみましょう。

- 29万8000円のパソコンを12月に買った場合→経費の金額は29万8000円

（全額）
- 30万円のパソコンを12月に買った場合→経費の金額は1万2500円（定率法、4年で償却した場合の1カ月分）

たった2000円の違いで経費の金額が、28万5500円も変わってしまうのです。

なお、金額の判定は1台ごとに行います。

2台以上まとめて領収書を切ってもらう場合には領収書へ「パソコン2台分として」というように記入してもらうようにしましょう。

この特例を受けない場合でも、1台10万円未満の少額の固定資産や一括償却資産は、前ページの表のように必要経費にすることができます。

9 建物及び建物附属設備以外の減価償却は定率法を選んでください

▼早期に資産の取得にかかった費用を経費化したければ定率法を選びます

固定資産の購入金額は、取得時に全額が経費になるのではなく、減価償却という方法で数年にわたって経費になるということを紹介しました。この減価償却の計算方法は税法で定められており、定額法と定率法の2種類があります。

定額法は毎年一定の金額が償却費となるのに対して、定率法では1年目の償却額が一番大きく、その後償却費の金額が年々減っていきます。

建物、建物附属設備及び構築物の減価償却には、定額法しか使えないことになっていますが、それ以外の資産の償却方法は資産の種類ごとに定額法か定率法かのいずれかを選択することができます。

では、どちらの方法を選べば税金が少なくなるのでしょうか。

一般的には定率法が有利と言われています。

定額法と定率法、それぞれの計算式については215ページで説明しますが、まずは具体例をもとに1年目の償却額を比較してみましょう。

◆パソコン　35万円（耐用年数4年）の場合（平成19年4月以降取得）

【定額法】35万円×0・250＝8万7500円

【定率法】35万円×0・500＝17万5000円

↓17万5000円－8万7500円＝8万7500円　∴定率法が8万7500円有利

◆自動車　200万円（耐用年数6年）の場合（平成19年4月以降取得）

【定額法】200万円×0・167＝33万4000円

【定率法】200万円×0・333＝66万6000円

↓66万6000円－33万4000円＝33万2000円　∴定率法が33万2000円有利

トータルの耐用年数の中では、最終的な償却費の合計金額はどちらの方法で行っても同じですが、このように1年目の償却額は定率法が断然大きくなり有利と言えます。

定率法は、2年目以降に資産の未償却残高に償却率をかけて計算するため、1年目の償却額が一番大きく、その後償却費の金額が年々減っていきます。ですから、定率法のほうが資産の取得額を早期に経費化することができます。

新築時は家賃収入も多く、また資産は年数を経るごとに劣化して修繕などの維持費が増えるため、購入初期に多額の償却費を計上できる定率法を選ぶほうが、資産の使用価値の減少に応じた費用化という観点から、合理的だと言えるでしょう。

▼届出を行わないと定額法が選択されます

定率法を選択する場合には税務署に対して届出が必要になります。

賃貸事業を始めた初年度については最初の確定申告の申告期限までに「所得税の減価償却資産の償却方法の届出書」（46ページ参照）を提出してください。

この届出書の提出がない場合には、定額法で計算されてしまいます。

また、賃貸事業を始めた年の翌年以降に償却方法を変更する場合には、「所得税の減価償却資産の償却方法の変更承認申請書」を提出します。提出期限は変更しようとする年の3月15日までなので、注意してください。

10 建物と設備は必ず分けて償却してください

▼請求書、見積書の時点で明細を区分してもらいましょう

アパート・マンションを建築する場合、建物本体のほかに、建物附属設備として給排水設備、電気設備、ガス設備その他の設備も購入することになりますが、これらの支払は通常ハウスメーカーや建築業者へ一括して行うことが多いものです。

この場合、建物本体よりも給排水設備、ガス設備、冷暖房設備は法定耐用年数が短いため、これらを建物本体と区分して減価償却をしたほうが投下資本を早期に回収することが可能になります。

ここで注意すべきことは、これらの支払金額のすべてを建物の取得価額に含めないようにすることです。

そのため、業者さんにはそれぞれの明細をはっきり区分して請求書や見積書を作成してもらいましょう。

明細が区分されていれば、建物附属設備として建物本体とは区分して短い耐用年数で減価償却費を計算することができます。

実際に、これらを区分しないで建物と一緒に減価償却した場合と、区分して減価償却をした場合とで、どれだけ減価償却費が異なるのか計算してみましょう。

◆設備を建物と区分して計算した場合

建物　４８００万円×０・０２２＝１０５万６０００円

付属設備　２０００万円×０・０６７＝１３４万円

建物・付属設備合計　１０５万６０００円＋１３４万円＝２３９万６０００円

◆設備と建物を区分せず計算した場合

（４８００万円＋２０００万円）×０・０２２＝１４９万６０００円

↓差額90万円

一般的に建物総額の20％ぐらいは設備代金にかかっていると言われています。こまめに建物と設備を区分するだけで節税効果が高くなります。

11 契約書の作成を1通にして印紙税を抑えましょう

▼印紙税はばかになりません

アパート・マンション経営をしていると、契約書を作成する機会が幾度となくあるはずです。

住宅賃貸借契約書は印紙税がかかりませんが、土地の購入契約書や建物請負契約書などには高額な印紙が必要です。

印紙税とは、印紙税法に定められた契約書などの文書を作成した場合に、定められた金額の収入印紙を貼り消印することで、納付が完了します。

契約書は二者の約束事ですから、通常同じものを2部作成し、お互いに1部ずつ保管します。この場合、当然ながら印紙税も2倍かかります。

ところが、契約書は必ず2通作成しなくてもいいのです。

信頼関係のある当事者間や重要度の低い書類であれば、作成するのは1部だけ、もう1部はコピーでかまいません。

印紙税がかかる主な契約書

番号	文書の種類	印紙税額	主な非課税文書
1号文書	①不動産等の譲渡に関する契約書 ②地上権又は土地の賃借権の設定又は譲渡に関する契約書 ③消費貸借に関する契約書 ④運送に関する契約書	記載金額による	契約金額が1万円未満のもの
2号文書	請負に関する契約書	記載金額による	契約金額が1万円未満のもの

ただこのときに気をつけなければならないのは、契約書は、必ず署名・押印・消印がすべて終わったあとにコピーするということです。

署名・押印する前の契約書をコピーして、コピーしたものに署名・押印してしまうと、それはコピーではなく、契約書の原本であるとみなされます。原本であれば印紙を貼る必要が生じてしまいますので注意してください。

12 家賃を振込にすれば印紙税がかかりません

▼振込依頼書を領収書がわりにしてもらいます

支払を経費にするために、領収書を保管しなければならないことはすでに述べましたが、反対に、入居者から家賃を受け取ったときには、こちらが領収書を発行しなければなりません。

実は、この領収書にも印紙税がかかるのです。領収書に貼る印紙の金額は次ページの表のように定められています。

この印紙代も積もり積もれば結構な金額になります。そこで、こちらが発行する領収書の印紙税についても節税策を考えましょう。次のような方法が考えられます。

①消費税を別記して記載金額を税抜きにする

消費税込みで記載すれば、印紙税は総額に対してかかりますが、消費税額を別記して税抜きの金額を記載すれば、その税抜額に対する印紙税しかかかりません。

②家賃を数回に分けて受領したものを1枚の領収書で済ます

領収書に貼る印紙の金額

領収書に記載された受取金額	印紙税額	非課税のもの
100万円以下	200円	①記載された受取金額が5万円未満のもの ②営業に関しないもの ③有価証券、預貯金証書など特定の文書に追記した受取書
200万円以下	400円	
300万円以下	600円	
500万円以下	1,000円	
1,000万円以下	2,000円	
2,000万円以下	4,000円	
3,000万円以下	6,000円	
5,000万円以下	1万円	
(以下省略)		

8万円×12回で200円の印紙が12枚いるところを、96万円を1枚で切ると、印紙200円1枚で収めることができます。

③領収書を発行しない

①は工夫ですが、②は毎月受領する家賃の性格上無理でしょう。

そこで③を使います。領収書そのものをつくらなければ、印紙を貼る必要はありません。銀行振込を活用するのです。家賃についてては振込による回収とします。この場合、入居者の手元に残る振込依頼書が領収書のかわりになることを了承してもらいましょう。印紙が節約できるだけでなく、領収書を作成する手間と集金の手間が軽減できる一石二鳥の方法です。

第5章

効率経営で手間をかけずに、利回りを高めましょう

入居者を集めることだけが利回り対策ではありません。余分な手間やコストを省くだけで利益率は上昇します。効率的な経営のポイントを明らかにしましょう。

1 管理の委託は効率化の基本です

▼事務作業を圧縮して利回りを高めます

毎日の仕入れと毎日の売り上げで事業が成り立つ小売業などとは異なり、アパート・マンション経営は、建物の建築が終わり、入居者が入ると後は設備修理や、家賃の未入金などのトラブル、毎月の管理費や固定資産税等経費の支払に気をつかうことが始まります。

また、経営をするわけですから、帳簿の記載や税金計算などの事務作業も生じてきます。

ですが、このように手間のかかる管理業務を委託したり、事務作業を合理化してしまえば、アパート・マンション経営も、時間の経過で収益を生む「金融商品」になると考えられるのではないでしょうか。

不動産購入という投資に対し、収入（家賃－経費）が自動的に入ってくると、これは預金や債券を買ったことと同じになります。

現在上場されている不動産投資信託（ＲＥＩＴ）はまさに金融商品そのものです。

高利回りのアパート・マンション経営とは

●入居者対応

→ **手厚く**（管理会社に委託）

●経理などの事務作業

→ **手抜き**（合理化）

→ **収益性**を高める

アパート・マンション経営はなるべく効率化することをお勧めします。

家賃の集金や入居者のトラブルは専門の管理会社に任せてしまいましょう。

家賃の5%ぐらいで管理業務をやってくれる管理会社さんは少なくありません。入金明細まで作成してくれますし、修繕や経費の支払まで依頼すると、入金明細には家賃明細と経費明細が記載されています。12カ月分の入金明細があれば確定申告が終わったのも同然です。

そして、事務作業は極力合理化しましょう。事務作業は次項から述べるように、工夫次第で容易に「手抜き」ができるのです。

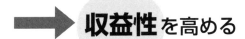

2 家賃はすべて普通預金に入金しましょう

▼通帳がそのまま売上帳になります

まず、家賃はすべて同じ普通預金口座に振込入金してもらいましょう。

そして、普通預金通帳に記帳してください。

これは前に述べたとおり、印紙節約や集金の手間を省くこともさることながら、この振込の記録がそのまま売上帳になり、取引の記録として所得を計算するための簡易な帳簿になるからです。

仮に現金で賃料を回収することがあっても、その金額を口座に入金しましょう。

また、通帳に入金として記帳された金額の横に「２０１号室・田中11月分」とでもメモ書きしておけば、もはや立派な売上帳です。

預金口座と預金通帳を上手に利用して帳簿づけの手間を省いてしまいましょう。

帳簿づけの具体的な方法については、第７章で説明します。

「預金通帳（家賃入金口座）」の記載例

年月日	摘要	お支払金額	お預り金額	差引残高
				252,600
R○.1.23	振込	マツシタタロウ	65,000	317,600
R○.1.23	振込	オオカワユカ	60,000	377,600
R○.1.24	引落	5,230	デンキ	372,370
R○.1.25	振込	タカイヤスオ	22,000	394,370
R○.1.25	振込	タカイヤスオ	62,000	456,370
R○.1.26	振込	ヤマダヒロシ	65,000	521,370
R○.1.26	振込	スズキアキコ	65,000	586,370
R○.1.26	振込	オオヤマナオコ	66,000	652,370
R○.1.26	振込	ムラタキヨシ	70,000	722,370
R○.1.26	振込	ナカジマサトシ	60,000	782,370
R○.1.26	振込	アダチユキ	75,000	857,370
R○.1.26	振込	カワムラジロウ	76,000	933,370
R○.1.26	振込	ナカガワアイ	70,000	1,003,370
R○.1.26	振込	エガワユキオ	75,000	1,078,370
R○.1.26	振込	ニシカワタカシ	70,000	1,148,370
R○.1.26	振込	サカイモモエ	62,000	1,210,370
R○.1.27	振込	ワタナベモモコ	75,000	1,285,370
R○.1.30	振込	タナカイサオ	71,000	1,356,370
R○.1.30	引落	23,100	ホケンリョウ	1,333,270
R○.2.2	引出	300,000		1,033,270

③ 経費は自動支払を利用しましょう

▼金融機関にはさまざまな自動支払サービスが用意されています

毎月、賃料の入金があるように、毎月、経費の支払があるはずです。

しかし、清掃代や管理費など毎月、定期的に発生する支払を銀行窓口へ行って振込をしていると、面倒な上、かなりの時間をとられてしまいます。

最近は金融機関の合理化で店舗数も少なくなっており、窓口の混雑は異常です。また、うっかり支払時期を忘れたりすると相手に迷惑をかけてしまいます。

経費の支払には「自動振替支払制度」を利用しましょう。

多少の手数料がかかりますが、混雑する窓口に並ぶこともなく、払い忘れを防止することができます。これぞ効率化の極意です。

①定額自動振替サービス

管理費などのように毎月同じ日に定額の金額の支払を行う場合は、自動振替手続をすると便利です。毎月指定の日に定額を自動的に振り込むというサービスです。

②総合振込サービス

複数の相手への支払には「総合振込サービス」を利用することをお勧めします。

金融機関に取引先の名称、振込先金融機関、支店名、口座番号を事前に登録します。毎月、金融機関から取引先の登録した情報が印字された専用用紙が送られてきます。専用用紙に支払金額を記入して窓口で手続できます。

③インターネットバンキング

パソコンを利用して支払を行うことができます。自宅や事務所から振込手続、預金残高の確認、資金移動ができます。大変便利なサービスで、急速に利用者が増えている反面、利用にあたってはパスワードの管理、金額の入力ミスなどに十分注意しましょう。

それぞれの詳しい手続については、取引している金融機関に問い合わせてみてください。

4 納税は自動振替にしましょう

▼自動引き落としならば払い忘れによる罰金も防げます

現在ほとんどの税金は振替納税（預金から自動的に納税する方法）ができるようになっています。この制度もわざわざ金融機関に行って税金を支払わなくてもいいことから、ぜひ利用すべきです。手間の省略化だけでなく、税金は支払うべき時期を遅れてしまうと延滞税（延滞金）を支払うことになります。

また、住宅ローンや事業資金の融資を受けるとき期限までに納税していないと融資が受けられない場合があります。ここでは所得税の振替納税の制度について説明します。消費税、住民税、固定資産税、事業税等でも同様の制度があります。関係官庁に問い合わせてみてください。

▼振替納税の手続をしましょう

振替納税制度とは、税務署や金融機関に備えてある「納付書送付依頼書」に以下の流れで必

「納付書送付依頼書」の記入例

（金融機関経由印）　　納 付 書 送 付 依 頼 書

❶ 世田谷　税務署長 あて

氏名
❷ 東京　一郎

❸❹
私が納付する
・ 申告所得税及復興特別所得税（1期分、2期分、確定申告分（期限内申告分）、延納分）
・ 消費税及地方消費税　（中間申告分、確定申告分（期限内申告分））
ご利用にならない税目については、二重線で抹消してください。この場合の訂正印は不要です。
について、

❺ 令和 ○ 年 3 月 15日以降納期が到来するものを、口座振替により納付したいので、納付税額等必要な事項を記載した納付書は、指定した金融機関あて送付してください。

※税務署整理欄	整理番号		金融機関番号	
	振替区分		入力日付	
			送付日付	

預 貯 金 口 座 振 替 依 頼 書

金融機関名　　❻ 令和 ○ 年 10月 5 日

❼ 新宿　銀行・信用金庫・労働金庫・信用組合・漁協・農協（「銀行」に○）　西新宿　本店・支店・本所・支所・出張所（「本店」に○）　御中

❽ あなたの住所
（〒 154－0003 ）　電話　03　（　xxxx　）xxxx
東京都世田谷区野沢X-XX-XXX
（申告納税地）

氏名
（フリガナ）トウキョウ　イチロウ
東京　一郎

（金融機関お届け印）
❾ 東京

❿

銀行等（ゆうちょ銀行以外）	預金の種類	1普通（○）　2当座　3納税準備
	口座番号	7 6 5 4 3 2 1
ゆうちょ銀行	記号番号	1 … 0

金融機関使用欄	

税務署から私名義の納付書が貴店（組合）に送付されたときは、私名義の上記の預貯金から次のとおり口座振替により納付することとしたいので、下記約定を承認の上依頼します。

1　対象税目
⓫
・ 申告所得税及復興特別所得税（1期分、2期分、確定申告分（期限内申告分）、延納分）
・ 消費税及地方消費税　（中間申告分、確定申告分（期限内申告分））
ご利用にならない税目については、二重線で抹消してください。この場合の訂正印は不要です。

2　振替納付日
納期の最終日（休日の場合は翌取引日）
ただし、納付の日が納期限後となる場合で、法令の規定によりその納付が納期限においてされたものとみなされるときは、貴店（組合）に納付書が到達した日から2取引日を経過した最初の取引日まで。

約　　定

1　預貯金の支払手続については、当座勘定規定又は預貯金規定にかかわらず、私が行うべき当座小切手の振出又は預貯金通帳及び預貯金払戻請求書の提出などいたしません。
2　指定預貯金残高が振替日において、納付書の金額に満たないときは、私に通知することなく納付書を返却されても差し支えありません。
3　この口座振替契約は、貴店（組合）が相当の事由により必要と認めた場合には私に通知されることなく、解除されても異議はありません。
4　この口座振替契約を解除する場合には、私から（納税貯蓄組合長を経由して）指定した金融機関並びに税務署あて文書により連絡します。
5　この取扱いについて、仮に紛議が生じても、貴店（組合）の責によるものを除き、貴店（組合）には迷惑をかけません。
6　貴店（組合）に対して領収証書の請求はいたしません。

※この記載例は執筆時点の様式及び記載例に基づいています。

要事項を記入し税務署に提出します。

①提出先の税務署名を記載します。
②納税者本人の氏名を記載します。
③申告所得税（1期分、2期分、3期分（期限内申告分）、延滞分）を選択します。
④消費税及地方消費税（中間申告分、確定申告分（期限内申告分））を選択します。利用しない税目は、二重線で抹消してください。
⑤提出日以降、口座振替を開始する日付を記載します。
⑥納付書送付依頼書の提出日を記載します。
⑦口座振替をする金融機関の名称、支店名、ゆうちょ銀行を選択する場合は支店名は不要です。
⑧納税者本人が金融機関に届け出ている郵便番号、電話番号、住所、金融機関に届け出ている住所と確定申告書に記載した住所が異なる場合には、申告書に記載した住所を記載します。
⑨預貯金口座の届出印を押印します。
⑩口座振替を金融機関で行う場合は、預貯金の種類（普通、当座、納税準備預金）を選択します。ゆうちょ銀行から行う場合は、記号番号を記載します。
⑪③④で記載した内容と同じように記載します。

振替納税日

項目＼税目	摘要	申告期限	現金納付期限	振替納税日
所得税	確定申告(3期分)	3月15日	3月15日	4月中旬
所得税	予定納税(1期分)	7月15日	7月31日	7月31日
所得税	予定納税(2期分)	11月15日	11月30日	11月30日
消費税	確定申告	3月31日	3月31日	4月中旬～下旬
消費税	第1四半期	5月31日	5月31日	6月下旬
消費税	第2四半期	8月31日	8月31日	9月下旬
消費税	第3四半期	11月30日	11月30日	12月下旬
消費税	予定納税は、一定以上は更に細分化されます			
固定資産税・都市計画税	第1期	1月1日所有者	4月下旬	4月下旬
固定資産税・都市計画税	第2期		7月下旬	7月下旬
固定資産税・都市計画税	第3期		12月下旬	12月下旬
固定資産税・都市計画税	第4期		2月下旬	2月下旬

※固定資産税の納期限は自治体により異なりますので注意してください。

▼残高の確認は定期的に行ってください

振替納税を利用する場合の留意点を挙げましょう。

まず、振替納税制度は一度手続をすると次回以降の納税も振替納税ができます。引っ越しによって所轄の税務署が変わった場合も確定申告書の第一表の「振替継続希望」欄に○を記入して申告すれば、再び手続をし直す必要はありません。別の預貯金口座に変更したいときは、改めて手続が必要となります。

次に、振替納税制度は、申告期限までに申告書が提出された場合に限り、利用が可能となります。

最後に、確定申告提出後や、予定納税（中間）の必要がある場合は、口座振替の半月前ほどに所轄税務署より振替納税のお知らせが郵送されてきます。

このとき、口座に残高があることを確認しておかなければなりません。残高不足で口座振替ができなかった場合は、延滞税・加算税を併せて納付することになってしまいます。

5 確定申告では税務署に行く必要はありません

▼申告書は郵送でも提出できます

事業年度が終わったら、決算を行い、税金の申告を行わなければなりません。これがいわゆる確定申告です。具体的な手続や流れについては、追って説明をしますが、この確定申告の手続も効率化することが可能です。

確定申告書を作成したら、書類を税務署に提出しなければなりません。確定申告期間の税務署は申告に関する相談者で一杯です。特に3月に入ってからは、想像を絶する慌しさです。ですが、確定申告書は必ず税務署に行って提出し、納税も税務署にするものではありません。

実は、確定申告書は郵送でも提出できるのです。手間を考え、郵送（簡易書留）で提出してしまいましょう。具体的な方法は246ページで解説します。

一定のインターネット環境が整っていれば電子申告e-TAXという方法もあります。

6 家族などの従業員の給与振込口座は事業用口座と同じ支店で開設します

▼手数料が抑えられます

青色事業専従者などへの給与の支払は、家賃などの振込用に取引を開始した金融機関を利用しましょう。同じ金融機関の同一支店に口座を開設させるのです。そして、給与を振込支払にします。

同じ金融機関で同じ支店であれば振込料は無料か低料金です。しかも銀行への往復の時間、窓口で待つ時間が大幅に軽減されるはずです。

▼金融機関への信頼が増します

また、取引口座を集中させることで金融機関への信頼を得ることができます。

新たな設備投資の融資を申し込むと、取引口座の数、預金残高の金額や取引金額の額などが、審査のポイントになります。金利や融資金額など融資の条件にいい影響を及ぼすことになるでしょう。

▼パソコンからの振込ならば窓口に行く必要はありません

給与振込依頼書を銀行に持ち込む制度もありますが、パソコンを使って給与を振込むとスピーディに給与振込ができます。

いわゆる「インターネットバンキング」です。

支払当日でも支払が間に合うだけでなく、各人の口座番号が登録できるので金額を入力するだけで処理できます。また、振込手数料が低額またはかからないというメリットがあります。

簡単に振込処理できる反面、ＩＤやパスワードの管理は厳重に行ってください。利用にあたっては３カ月間隔でパスワードを変更することをお勧めします。

7 源泉所得税の支払は年2回で済ませます

▼毎月の納付は煩雑かつ払い忘れるリスクがあります

青色事業専従者などに給与を支払う場合、事業主は源泉所得税を給与から差し引き、預からなければなりません。預かった源泉所得税は、預かった月の翌月10日（土曜・日曜・祝日の場合は翌日）までに「給与所得・退職所得等の所得税徴収高計算書」に記載して最寄りの金融機関で支払わなければなりません。

ですが、毎月毎月支払うのは手間がかかりますし、うっかり支払を忘れてしまう可能性もゼロではありません。納付期限までに納めないと「不納付加算税」と「延滞税」という2つの罰金が課せられます。この場合、本税納付後に税務署より「不納付加算税・延滞税」の金額が記載された納付書が郵送されてきます。

具体例を見てみましょう。青色事業専従者の永瀬亜希さんに7月10日に夏期賞与と7月25日に7月分の給料を支払った場合、内訳は次のようになります。

◆7月分給与内訳
永瀬亜希　月額21万円　源泉所得税　5130円
小計21万円　5130円

◆夏期賞与内訳
永瀬亜希　賞与30万円　源泉所得税　1万2252円
小計30万円　1万2252円
【合計納付額】　1万7382円

以上を「給与所得・退職所得等の所得税徴収高計算書」に記入したものが129ページの例です。この税金を払い忘れてしまうと、「不納付加算税」と「延滞金」が課せられるわけですが、それぞれ原則として、次のようにして計算されます。

◆不納付加算税→1日でも遅れたら本税（預かった税金）の10％

◆延滞税→納期限の翌日から2カ月を経過する日まで原則本税の年7・3％（現在は、年7・3％または前年11月末における日銀の特例基準割合（㊗）に1％を加えた率のうち低いほうの率を適用します）、2カ月を経過後は、納付の日まで原則本税の年14・6％（現在は年

14・6%と特例基準割合（＊）＋7・3%のいずれか低い割合）
＊令和6年1月1日から令和6年12月31日までの期間は1・4%

さらに、以下の条件に基づいて実際の金額が算出されます。

①納期限経過後、税務署の告知（未納になっている税金を払うよう税務署から通知されることを言います）がある前に自ら納付した場合、不納付加算税は5%となります。

②過去1年間、告知されていないこと及び期限後納付がなかった場合に納期限から1カ月以内納付した場合、不納付加算税は課されません。

③税額が1万円未満であるときは不納付加算税・延滞税の対象になりません。

④不納付加算税・延滞税を計算した結果、不納付加算税が5000円未満、延滞税が1000円未満だった場合は課されません。

⑤納付税額に100円未満の端数があるときには、その端数を切り捨てて計算します。

ほんのうっかり忘れてしまっただけで本来払わなくてよかったはずの税金が発生してしまう上に、これらの出費は経費として扱うこともできないため、極めて無駄な支出です。少しでも発生リスクを抑えるために次から説明する「納期の特例」を活用しましょう。

「毎月納付の納付書」の記入例

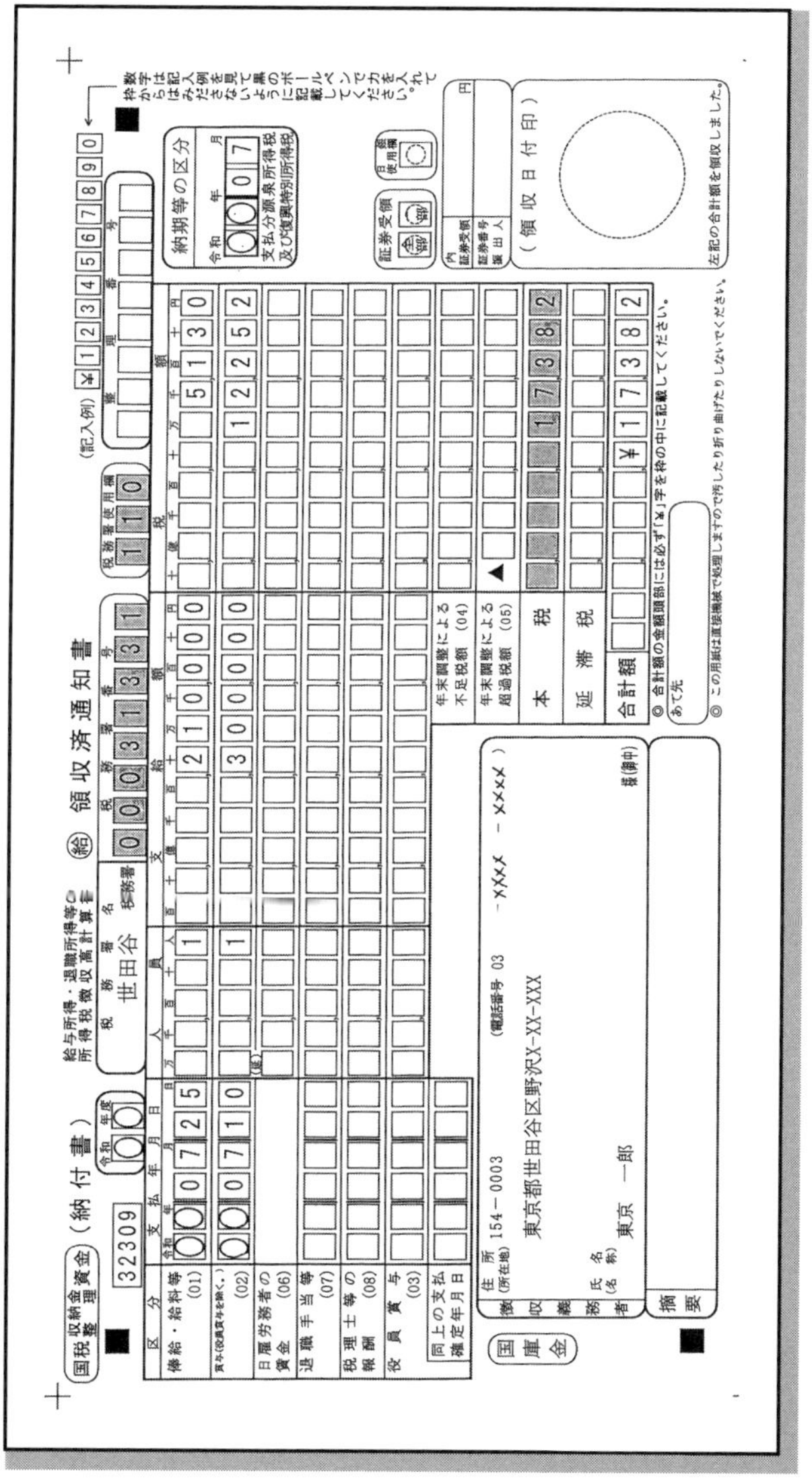
国税 収納金整理資金（納付書） 32309 令和 年度

給与所得・退職所得等の所得税徴収高計算書 税務署名 世田谷 税務署

(給) 領収済通知書

税務署番号 00031 整理番号 3331 税務署使用欄 110

(記入例) ¥1234567890

数字は記入例を見て黒のボールペンで枠からはみださないように記載してください。

区分	支払年月日	人員	支給額	税額
俸給・給料等 (01)	令和〇〇年07月25日	1	210000	5130
賞与(役員賞与を除く。) (02)	令和〇〇年07月10日	1	300000	12252
日雇労務者の賃金 (06)				
退職手当等 (07)				
税理士等の報酬・料金 (08)				
役員賞与 (03)				
同上の支払確定年月日				
年末調整による不足税額 (04)				
年末調整による超過税額 (05)				▲
本税				17382
延滞税				
合計額				¥17382

納期等の区分 令和〇〇年07月 支払分源泉所得税及び復興特別所得税

証券受領 日銀使用欄

住所（所在地） 154－0003 東京都世田谷区野沢X-XX-XXX （電話番号 03 －XXXX － XXXX）

氏名（名称） 東京 一郎

摘要

◎合計額の金額頭部には必ず「¥」字を枠の中に記載してください。

◎この用紙は直接機械で処理しますので汚したり折り曲げたりしないでください。

（領収日付印）

左記の合計額を領収しました。

▼「納期の特例」手続をすれば年2回の支払でよくなります

前置きが長くなりましたが、このような余分な罰金を避け、かつ毎月の納付の手間を省略するため、源泉所得税の納付を年2回にまとめる方法があります。この手続を一般的には「納期の特例」と言います。

特例を受けるための届出書を「源泉所得税の納期の特例の承認に関する申請書」と言います（46ページ参照）。記入箇所が少なく、国税庁のホームページからダウンロードして手に入れられるので便利です（http://www.nta.go.jp）。

納期の特例を受けた場合、1回目の納期は原則7月10日（土曜・日曜・祝日の場合は翌日）までに、1月～6月までに預かった源泉所得税をまとめて納めます。

2回目は1月20日（土曜・日曜・祝日の場合は翌日）までに7月～12月までに預かった源泉所得税（年末調整還付後）をまとめて納めます。

先ほどの例に基づき納付額を計算してみましょう。

◆7月10日納付額

支給額21万円×6カ月＝126万円　税額5130円×6カ月＝3万7780円

◆1月20日納付額

支給額21万円×６ヵ月＝１２６万円　税額５１３０円×６ヵ月＝３万７８０円
夏季賞与支給額30万円　税額１万２２５２円（７月10日支払）
冬季賞与支給額30万円　税額１万２２５２円（12月10日支払）
年末調整還付金額１名分　△３１６４円
差引納付額　５万２１２０円

これを「給与所得・退職所得等の所得税徴収高計算書」に記入したものが１３３ページの例です。

▼従業員が10人未満の事業所なら迷わず申請しましょう

この「納期の特例」で納付するにあたっての注意点を挙げましょう。

①適用対象事業所は、常時雇用人数（青色専従者・従業員数）が10人未満の事業所です。
②弁護士、税理士、司法書士等の報酬に係る源泉所得税は、「納期特例」の対象ですが、デザイン料や原稿料等、その他にかかる源泉所得税は対象となりません。
③年の途中で「源泉所得税の納期の特例の承認に関する申請書」を提出した場合、提出した翌々月納付分から適用されます。

例えば2月2日に届出書を提出した場合、2月25日給与支払時に預かった源泉所得税は、3月10日が支払期限となります。そして3月25日給与支払分以降から「納期特例」の適用となります。

④「納期の特例」の納付期限（7月10日・1月20日）を過ぎて納付した場合は、「不納付加算税」と「延滞税」が課されます。加えて「納期の特例」取消の処分を受ける場合がありま す。取消の処分を受けると毎月10日が納付期限となります。

このように源泉所得税は原則毎月払わなければなりませんが、所定の手続で年2回の支払ですませることができます。ぜひ効率経営の方法として検討してみてください。

「年2回払いの納付書」の記入例

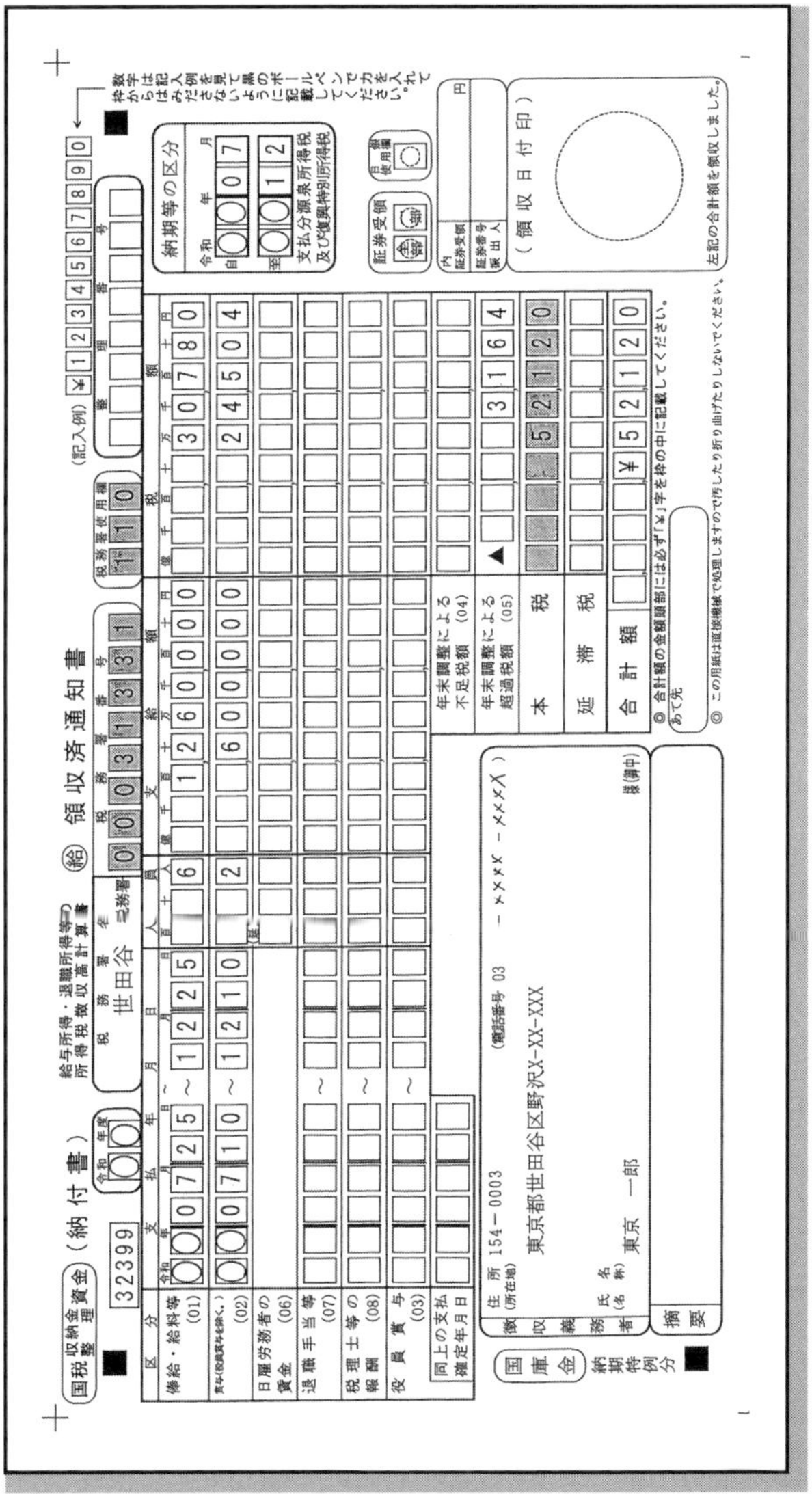

国税 収納金整理資金（納付書） 令和 年度 32399

給与所得・退職所得等の所得税徴収高計算書

税務署名 世田谷 税務署

㊩ 領収済通知書

税務署番号 0003 1331

税務署使用欄 110

整理番号

（記入例）¥1234567890

数字は記入例を見て黒のボールペンで力を入れて枠からはみださないように記載してください。

区分	支払年月日	人員	支給額	税額
俸給・給料等 (01)	07月25日 ～ 12月25日	6	1260000	30780
賞与（役員賞与を除く。） (02)	07月10日 ～ 12月10日	2	600000	24504
日雇労務者の賃金 (06)				
退職手当等 (07)	～			
税理士等の報酬 (08)	～			
役員賞与 (03)	～			
同上の支払確定年月日				

	税額
年末調整による不足税額 (04)	
年末調整による超過税額 (05)	▲3164
本税	52120
延滞税	
合計額	¥52120

◎ 合計額の金額頭部には必ず「¥」字を枠の中に記載してください。

納期等の区分 令和 年 月 自 07 至 12

支払分源泉所得税及び復興特別所得税

証券受領 全部 一部

日銀使用欄

内 証券受領 円

証券番号 振出人

（領収日付印）

左記の合計額を領収しました。

国庫金 納期特例分

徴収義務者 住所（所在地） 154－0003 （電話番号 03 －××××－××××）

東京都世田谷区野沢X-XX-XXX

氏名（名称） 東京 一郎 様(御中)

摘要

あて先

◎ この用紙は直接機械で処理しますので汚したり折り曲げたりしないでください。

第6章

アパート・マンション経営の相続税対策を教えます

「相続税を抑えたいのなら、アパート・マンションを建てよう」と言われるくらい、この事業は相続税対策に有効です。賢く資産を残す方法を学びます。

1 財産の大半が土地ならアパート・マンション経営は有力な相続対策です

▼ビジネスと相続税対策を兼ねた現実的な選択肢です

この章では、アパート・マンション経営の相続税対策の効果について検証してみましょう。

60歳になり定年退職を迎えても、いまや人生80年、90年の時代になっています。現代の60歳と言えばまだまだ働きざかりです。第２のキャリアをスタートさせる人も少なくありません。

ですが、いつかは次の世代に財産を引き継ぐ相続の時期がやってきます。

ですから定年後に第２の人生を目指すことと、相続の準備のスタートを切ることは同時に始まると思わなければなりません。

まずは相続税の仕組みと計算方法を次ページにまとめたので、概要を把握しておきましょう。

「遺産に係る基礎控除額」とは、最低限これだけの財産は課税されないという金額で、法定相続人が妻と子ども２人の合計３人である場合、

相続税の計算方法

相続税の計算

1 遺産の額（A）

▼ ← 遺産に係る基礎控除額（3,000万円＋600万円×法定相続人の数）

2 課税遺産総額（B）

▼ ← 法定相続人ごとに税金を計算し合計する
(B)×法定相続分×税率－控除額（速算表による）

3 相続税の総額（C）

▼ ← 各人ごとに按分する
(C)×各人の課税価格／(A)

4 各相続人等の算出税額（D）

▼ ← (＋) 2割加算　(－) 障害者控除
(－) 贈与税額控除　(－) 相次相続控除
(－) 配偶者の税額軽減　(－) 外国税額控除
(－) 未成年者控除

5 各相続人等の納付税額

法定相続分

相続人	法定相続分
配偶者と子2人（X、Y）の場合	配偶者　1／2 子(X)　1／4、子(Y)　1／4
配偶者と直系尊属（父母、祖父母）の場合	配偶者　2／3 直系尊属　1／3
配偶者と兄弟姉妹の場合	配偶者　3／4 兄弟姉妹　1／4

相続税の速算表

法定相続分に応ずる取得金額	税率	控除額	法定相続分に応ずる取得金額	税率	控除額
1,000万円以下	10%	0万円	2億円以下	40%	1,700万円
3,000万円以下	15%	50万円	3億円以下	45%	2,700万円
5,000万円以下	20%	200万円	6億円以下	50%	4,200万円
1億円以下	30%	700万円	6億円超	55%	7,200万円

3000万円＋600万円×3人＝4800万円

となります。

ちなみに、この法定相続人は、相続を放棄するなどして実際には財産の相続を受けなかった人も、相続人としてカウントされます。

この財産とは現預金、有価証券、不動産のことを指しますが、相続税が課税される人の財産の40％以上が不動産であると言われています。

財産の総額が基礎控除額を超え、なおかつそのほとんどが不動産である人は早め早めの相続対策が必要になります。

その意味からして、アパート・マンション経営は、第2の人生と相続税対策を兼ねた現実的な選択肢であると言えるでしょう。

2 土地は時価の80％以下、建物は50％以下の評価になります

▼本来は時価評価が基本です

不動産の価値は、本来、時価で評価するとされています。

相続税が課税される不動産の価額は、特別な場合を除いて「相続税評価基本通達」と言われるもので計算されるのが一般的で、通常の不動産の時価よりも低く抑えられています。

実は、土地には5つの価額があります。「取引実例価格」「公示価格」「基準地価」「相続税評価額（路線価額）」「固定資産税評価額」の5つです。

「取引実例価格」がいわゆる時価と言われるものです。「公示価格」と「基準地価」はこの取引の実績から国土交通省や都道府県が公開する土地価格です。

相続税や贈与税の評価の基準となる「相続税評価額」は公示価格を基準として80％、固定資産税や不動産取得税の基準となる「固定資産税評価額」は70％になるよう定められています。

▼土地には5つの価格があります

それぞれの価格がどのようにして決められているか見てみましょう。

①取引実例価格（時価）

実際の不動産取引事例をもとに計算しますが、購入者の付加価値等も考慮され、また、売買事例を参考に道路、地形、日当たり、生活の利便性等を考慮した上で、実際に取引される価格として決定されます。

②公示価格

一般の土地の取引価格に対する指標等として毎年1月1日時点の価格がその年の3月に国土交通省より発表されます。

③基準地価

一般の土地の取引価格に対する指標等として毎年7月1日時点の価格がその年の9月に都道府県より発表されます。

④相続税評価額（路線価額）

評価される土地に接する道路につけられた価格です。毎年7～8月に公表されます。これをもとに相続税や贈与税計算の前提となる土地の評価を求めます。路線価格が定められていない地域では固定資産税評価額に一定の倍率を乗じて評価額とします。

この路線価額は公示価額の80％の水準になるように調整されています。

⑤固定資産税評価額

固定資産税評価額は、固定資産税・都市計画税、不動産取得税、登録免許税の計算のもととなる評価額です。3年に1度評価替えが行われます（公示価格の70％の水準になるよう調整されています）。

▼建物の評価は建築費用よりも安くなります

相続にあたって建物の部分の価額は、次の算式から求められます。

固定資産税評価額×1.0

この固定資産税評価額は、通常実際の建築費の50〜70％程度で評価されているようです。またこの建物が貸家の場合はさらに30％の評価減となります。

▼土地は地目に応じて評価が異なります

土地の価額は、原則として、宅地、農地などの地目別、評価単位ごとに評価され、評価単位の判定方法や評価の方式はそれぞれの地目ごとに異なっています。

相続税、贈与税における土地の価額は、原則として、宅地・田・畑・山林・原野・牧場・池沼・鉱泉地・雑種地の別に評価します。この場合、登記簿上の地目ではなく、課税時期の土地の現況が判断材料になります。

さらに宅地の場合、登記簿上の「筆」ごとではなく、利用単位となっている1画地の宅地ごとに評価します。この利用単位は、自用地（自分で使っている宅地・自宅敷地、空地等）、貸宅地（人に貸している宅地）、借地権（人から借りている宅地）、貸家建付地（貸家を建てている宅地）などに分けられます。

ただし、一体として利用されている土地が2つ以上の地目からなる場合は、そのうちの主たる地目からなるものとして、評価します。

▼宅地の評価には2つの方式があります

それでは宅地の相続税評価はどのようにして行われるのでしょうか。

まず、宅地の評価は、その所在地に応じて評価する方式が異なります。

●市街地的形態を形成する地域にある宅地→路線価方式

- **上記以外の宅地→倍率方式**
- **路線価方式＝路線価×画地調整率×地積**
- **倍率方式＝固定資産税評価額×倍率**

路線価方式は、その宅地の面する道路につけられた路線価をもとに、奥行価格補正率等の画地調整率をかけて評価する方式です。

これに対して、倍率方式は、固定資産税評価額に、地域ごとに定められている倍率をかけて評価する方法です。

画地調整率の例として挙げた、奥行価格補正率とは、例えば、145ページの図のように1つの道路にしか面していない宅地の場合のような土地が所在する地区区分ごとの奥行距離に応じて、定められている割合のことです。

また、地積は、課税時期における実際の土地の面積とされていることから、登記簿上の地積（公簿上の地積）と異なる場合があります。また、倍率方式で評価する場合には、実際の地積と固定資産税評価証明書の地積が異なっている場合があるので注意が必要です。

▼宅地は利用状況に応じてさらに評価減になります

この計算式を踏まえ、宅地の評価は、自用地、借地権、貸宅地、貸家建付地など、相続発生直前における利用形態ごとにその状況を斟酌《しんしゃく》して行います。

①自用地

自分の自由になる、土地に権利や制限がない宅地を自用地と言います。例えば、自宅の敷地、空地、青空駐車場等の敷地がこれにあたります。

自用地の評価額は、その所在地に応じて、路線価方式か倍率方式で評価します。

②借地権（普通借地権）

建物の所有を目的として借りている宅地の権利を借地権と言います。借地権の評価額は、自用地評価額に借地権割合をかけて求めます。借地権割合は宅地の所在地によってその割合が定められています。

（例）自用地評価額1億円、借地権割合60％の借地権

評価額　1億円×70％＝7000万円

③貸宅地

借地権が設定されている宅地を貸宅地（底地）と言います。貸宅地の評価額は、自用地評価額から②の借地権相当額を控除して求めます。

路線価方式の計算例

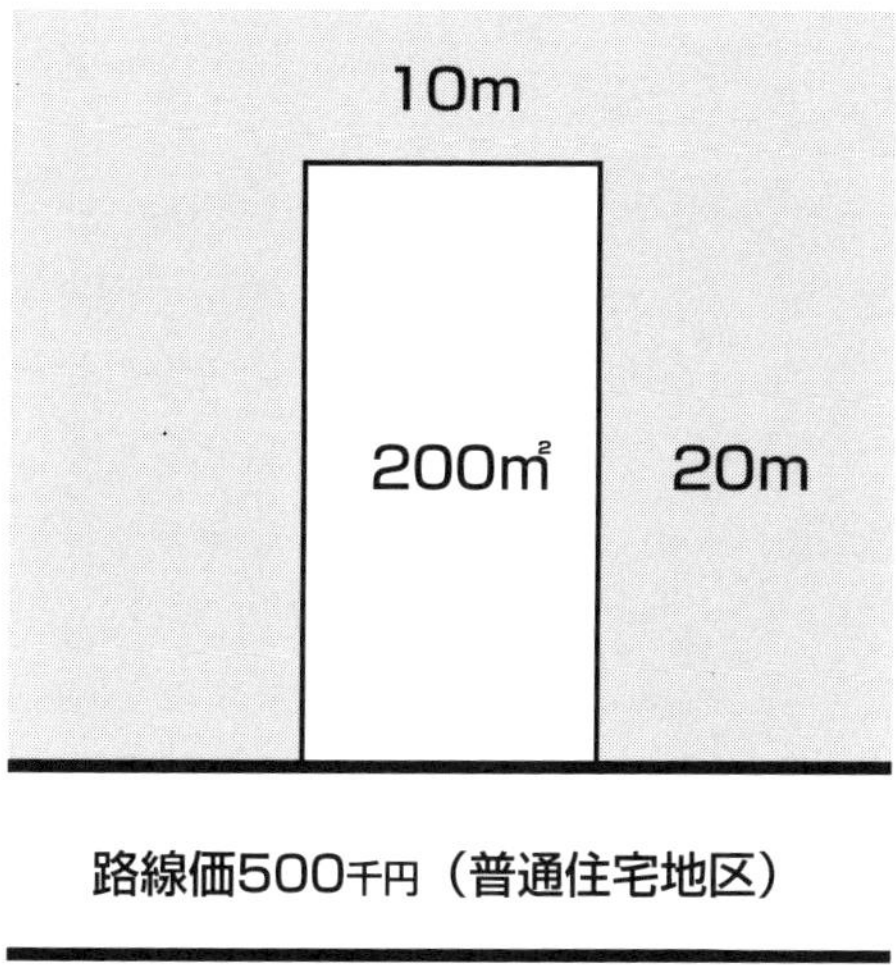

相続税評価額

500千円 × 1.00※ × 10m × 20m ＝ 100,000千円

※**奥行価格補正率** ➡ 普通住宅地区　1.00

奥行価格補正率表の普通住宅地区を見ると、奥行20mに該当するのは、「20m以上24m未満」となり、奥行価格補正率は1.00となります。

奥行価格補正率表は国税庁ホームページ（http://www.nta.go.jp）の「相続税」の項目中にある「法令解釈通達を見る」から確認できます。また、各税務署でも確認が可能です。

（例）自用地評価額1億円、借地権割合60％の貸宅地
　評価額　1億円×（1－70％）＝3000万円

④貸家建付地

貸家建付地とは、土地所有者が貸家を建てている場合のその敷地を言います。

建物に借家人・テナントが入居していて土地の利用が制限され、大家さんの都合で借家人に立ち退いてもらうためには立退料が必要となることも考えられます。

そこで、貸家建付地の評価は、自用地評価額から一定の評価減を行って算出します。この評価減（貸家建付地の評価減）は、具体的には、自用地評価額に借地権割合と借家権割合を乗じた割合となります。借家権割合は全国一律30％となっています。

なお、家屋すべてが貸付けられているのではなく、一部に貸付けられていない部分があるときは、さらに賃貸割合を乗じて評価減の金額を計算します。

（例）自用地評価額1億円、借地権割合70％の地区
評価額　1億円－（1億円×70％×30％）＝7900万円

③ 現金を不動産化するとここまで相続税を抑えられます

▼半額近く評価を抑えることもできます

このように、土地の時価とアパート・マンションの相続税評価額とには、大きなギャップがあることがわかります。次ページの図にまとめて説明してみましょう。

現金預金200を、土地に100、アパート・マンションの建築費に100投資した場合、相続税の評価額は土地が時価の80％程度になります。

また、建物は固定資産税評価額で評価することになりますから、約50～60％となります。

さらに、アパート・マンションの場合、さらに土地が「貸家建付地の評価減」（借地権割合×借家権割合の率を減額できる制度、次ページの図では70％×30％）ができ、建物は借家権割合分の減額（通常30％）ができます。このため当初建物100土地100で合計200の投資額が、アパート・マンションになると、評価が105と半額近くに下がることがわかります。

アパート・マンション経営の相続対策効果がおわかりいただけるでしょう。

現金・預金の不動産化で評価額

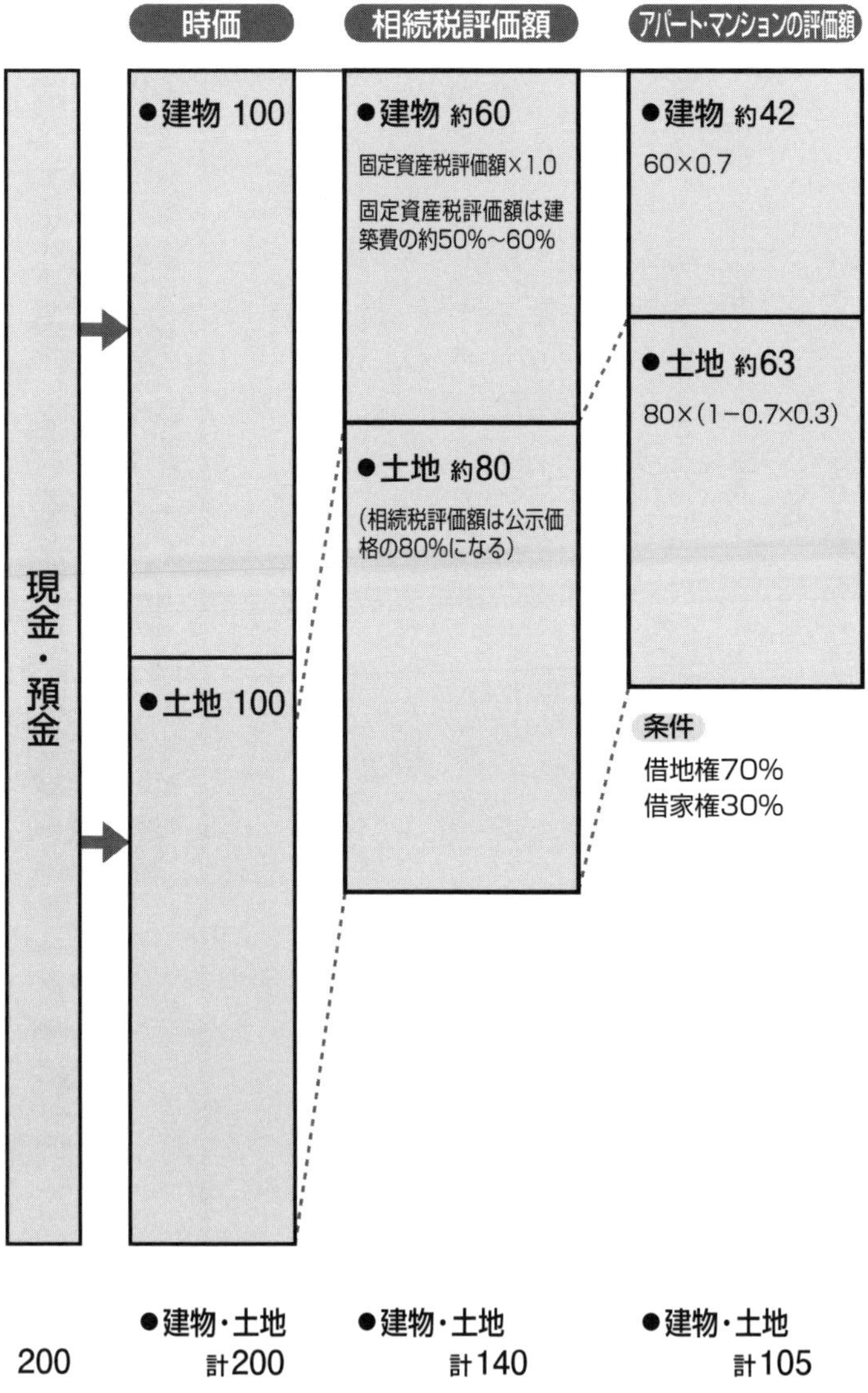
時価
相続税評価額
アパート・マンションの評価額
現金・預金
●建物 100
●土地 100
●建物 約60
固定資産税評価額×1.0
固定資産税評価額は建築費の約50%~60%
●土地 約80
(相続税評価額は公示価格の80%になる)
●建物 約42
60×0.7
●土地 約63
80×(1−0.7×0.3)
条件
借地権70%
借家権30%
200
●建物・土地
計200
●建物・土地
計140
●建物・土地
計105

4 相続時精算課税制度を利用して子どもをアパート・マンション経営者にしましょう

▼免税ではなく相続財産の前払いです

相続税対策として、ほかにも、アパート・マンションの生前贈与を行う方法があります。

生前贈与にはその特例として「相続時精算課税制度」というものがあります。

通常の生前贈与の場合、毎年110万円までは贈与税の対象にせず、超えた部分から贈与税が発生します。しかし、贈与税は累進税率なので贈与財産の評価額が高いほど贈与税負担も高くなります。この通常の生前贈与にかえて「相続時精算課税制度」を選択すると贈与時の負担を軽減することが可能となります。

相続時精算課税制度では、毎年110万円の基礎控除に加えて、生涯の累計で2500万円までは贈与税を非課税にすることができます。2500万円を超えてからも税率は一律20％なので財産評価額の多寡による累進税率を気にする必要はありません。注意しなければならないのは、これは免税制度ではなく納税先送り規定だということであり、この制度下で贈与された財産は将来の相続財産に含めなければなりません。また現場レベルでよくある問題として、相続時精算課税制度を適用したことを失念してしまい適用がなかったものとして相続税を申告した結果、後日税務署から追加の税金を請求されることもあります。令和5年の改正によって使い勝手が向上したとはいえ、使えば必ず得をする制度ではない点に注意です。

▼生前から親の所得を子どもの所得に移すことができます

しかし、この制度も生かし方しだいで相続税対策となります。

時価と不動産の相続税評価額には、ギャップがあることは前述しましたが、親が現金でアパート・マンションを購入し、子どもに贈与すると、1つには時価と相続税評価額のギャップを使って、低評価で贈与できます。

2つには収益物件を子どもに贈与するため、子どもに所得が生じ、現金という貯蓄が残ることになり、子どもの財産形成が可能になります。

相続時精算課税制度のポイント

- 適用対象となる贈与者は、贈与があった年の1月1日において60歳以上の父母または祖父母、受贈者はその年の1月1日において18歳以上の子または孫。
- 受贈者である兄弟姉妹がそれぞれ、贈与者である父母祖父母ごとに選択。
- 贈与の翌年2月1日から3月15日までに税務署長にその旨の届出書を贈与税の申告書に添付して行う。
- 贈与財産の種類、金額、贈与回数には、制限をつけない。
- 複数年で贈与された財産が2,500万円までは課税されず、2,500万円を超えた部分に一律20%の税率で課税される。
- この制度を適用しても基礎控除110万円が使える。
- 本制度を選択した受贈者は贈与者の相続時に、贈与財産と相続財産を合算して現行の相続税の課税方式で計算した相続税額から、既に支払ったこの制度の贈与税を控除する。控除しきれない贈与税は還付する。
- 相続財産の課税価格に合算する贈与財産の価額は贈与時の時価とする。
- 本制度を選択した贈与者からの贈与について、相続時精算加税を一度選択すると、その年以後の基礎控除を超える部分の贈与はすべて相続時に加算される。

5 利回りを高めれば、アパート・マンションの現金化は容易です

▼資産としての価値が高まっています

不動産所有者にとって相続にあたって一番の問題は、納税資金がないということです。不動産という財産は長い間、現金化しにくい財産の代表格とされてきました。

特にアパート・マンションは、入居者との立ち退き交渉に時間を要したり、立ち退き料が多額にかかるなど処分が困難でした。また相続が発生してからでは、処分に時間がかかり、価格も低く査定され、物納しようにも更地などと比べて、優先順位が低く定められていました。

ところが最近はこのアパート・マンションなどの収益物件が、低金利の預貯金に変わり、人気です。長い間、投資不動産融資に慎重だった金融機関もアパートローンを商品として出しています。住宅は衣・食・住という生活の3要素の1つであり、経済情勢の影響が少ないのは12ページで述べたとおりです。

専門用語で説明すると、土地取引の基準が「取引事例比較方式による不動産価格」から「収

益還元方式による不動産価格」に変化しているということです。

収益還元利回りの率次第で不動産に買い手がつく時代になってきました。

このためアパート・マンションも立派な納税資金用の不動産となっています。安心して投資ができる環境が整っていると言えるでしょう。

▼不動産価格の算定法

ここで、利回りから、どのようにして不動産価格が決まるか算定してみましょう。

賃料収入1200万円・必要経費200万円のアパート・マンションがあります。投資用として、実質利回り5％で購入するのならば、この物件の希望価格は2億円ということになります（1000万円÷5％）。

ただしここには、他の要素も加味されます。建物のグレードや築年数、立地、間取り、設備等です。築年数が古ければ利回りはよくなりますが今後修繕費がかさむ可能性があります。修繕費を見込んでもう少し利回りが高くなることを望めば、希望価格はさらに安くなるでしょう。

そこで収益還元方式での不動産価格の算定では次の基準を目安にしてください。

①金融機関の貸出金利を2％以上上回る家賃収入、実質利回りを目指す

②中古の場合、昭和56年の耐震基準を上回る建物であること

利回りと不動産価格の対応表

賃料収入	必要経費	実質収入	表面利回り	実質利回り	投資見込み価格
1,200万円	200万円	1,000万円	2.40%	2.00%	5億円
1,200万円	200万円	1,000万円	3.00%	2.50%	4億円
1,200万円	200万円	1,000万円	3.60%	3.00%	3.3億円
1,200万円	200万円	1,000万円	4.20%	3.50%	2.8億円
1,200万円	200万円	1,000万円	4.80%	4.00%	2.5億円
1,200万円	200万円	1,000万円	5.40%	4.50%	2.2億円
1,200万円	200万円	1,000万円	6.00%	5.00%	2億円

③建築後10年以上（木造の場合）の建物を購入する場合、さらに1％以上実質利回りを上げる

④入居者の質と賃料相場を点検する（現在の賃料が相場に比べ高ければ、次回の賃料改定で値下げ圧力になる）

⑤購入を検討することと修繕計画も算定する

⑥アパート・マンション経営を投資と考え、当初購入価格＋総賃料収入ー総賃貸経費＋最終売却益（損）を最終リターン額として見込みを立てる

不動産価格を決めるには、総合的判断が必要です。

第7章

経理は意外とカンタンです 手間をかけずに帳簿づけを しましょう

ビジネスである以上、お金にルーズであってはいけません。青色申告をするためにも帳簿をつけましょう。基礎的な知識と、煩雑にならない経理の方法を教えます。

1 アパート・マンション経営に必要な6つの帳簿

▼帳簿は現在の経営状態を把握するために必要です

アパート・マンション経営を続けていく上で「いくら儲かっているのか」「お金はどのくらい残っているのか」ということは常に把握しておかなければなりません。

さもなければ、銀行からお金を借りようというときにお金は貸してもらえないし、税金の計算もできません。「手元にお金がないから儲かっていない」と思っていたら、計算上、利益が出ていることがあります。そのとき税金が払えないでは済まされないでしょう。

そのようなことにならないために、帳簿を用意し、つける必要があります。

用意すべき帳簿は**「現金出納帳」「普通預金台帳（普通預金通帳で代用）」「売上帳（賃料収入台帳）」「経費帳」「固定資産台帳」**などです。そのほかに、従業員を雇う場合には**「給料台帳」**なども必要です。それぞれの詳しい説明については、次項から行うことにして、ここではどのような帳簿なのかを簡単に把握しておきましょう。

①現金出納帳

現金出納帳とは、お金の流れをまとめるものです。「いつ」「だれに（だれから）」「いくら」「何のために」支払ったのか、あるいは入金されたのかを記入します。

②普通預金通帳

普通預金台帳という帳簿をつくる場合もありますが、銀行の普通預金と同様の内容になりますので普通預金通帳に摘要を補助的にメモすることで代用します。ただし、商売用の普通預金を専用につくる必要があります（１１４ページ参照）。

③売上帳（賃料収入台帳）

賃貸物件別に、部屋ごとの家賃の入金日と金額を記入していきます。入金の滞りがないかどうかの確認に必要です。普通預金通帳から転記します。

④経費帳

仕入れ以外の経費を勘定科目別に集計する帳簿です。

⑤固定資産台帳

資産ごとに減価償却費の計算をする帳簿です。

⑥給料台帳

従業員の給料の計算をする帳簿です。

② 実は預金通帳と現金出納帳で帳簿はほぼ完成です

▼売上、経費、資産の購入のすべてが預金通帳と現金出納帳で把握できます

アパート・マンション経営のほとんどは、お金の動きとして把握できます。

- **賃料の入金があった**
- **給料を支払った**
- **経費を支払った**
- **固定資産を購入した**

こういった取引はすべてお金の流れで表すことができます。つまり、このお金の流れをしっかり把握しておけば、帳簿の作成はとても簡単なのです。

賃借人からは賃料を毎月受領します。最近は回収経費の節約や事故防止などの関係で、ほとんどが銀行振込です。

経費の支払や、固定資産の購入は、小額のものであれば現金で、金額が大きい場合や給料は

事業専用口座の活用

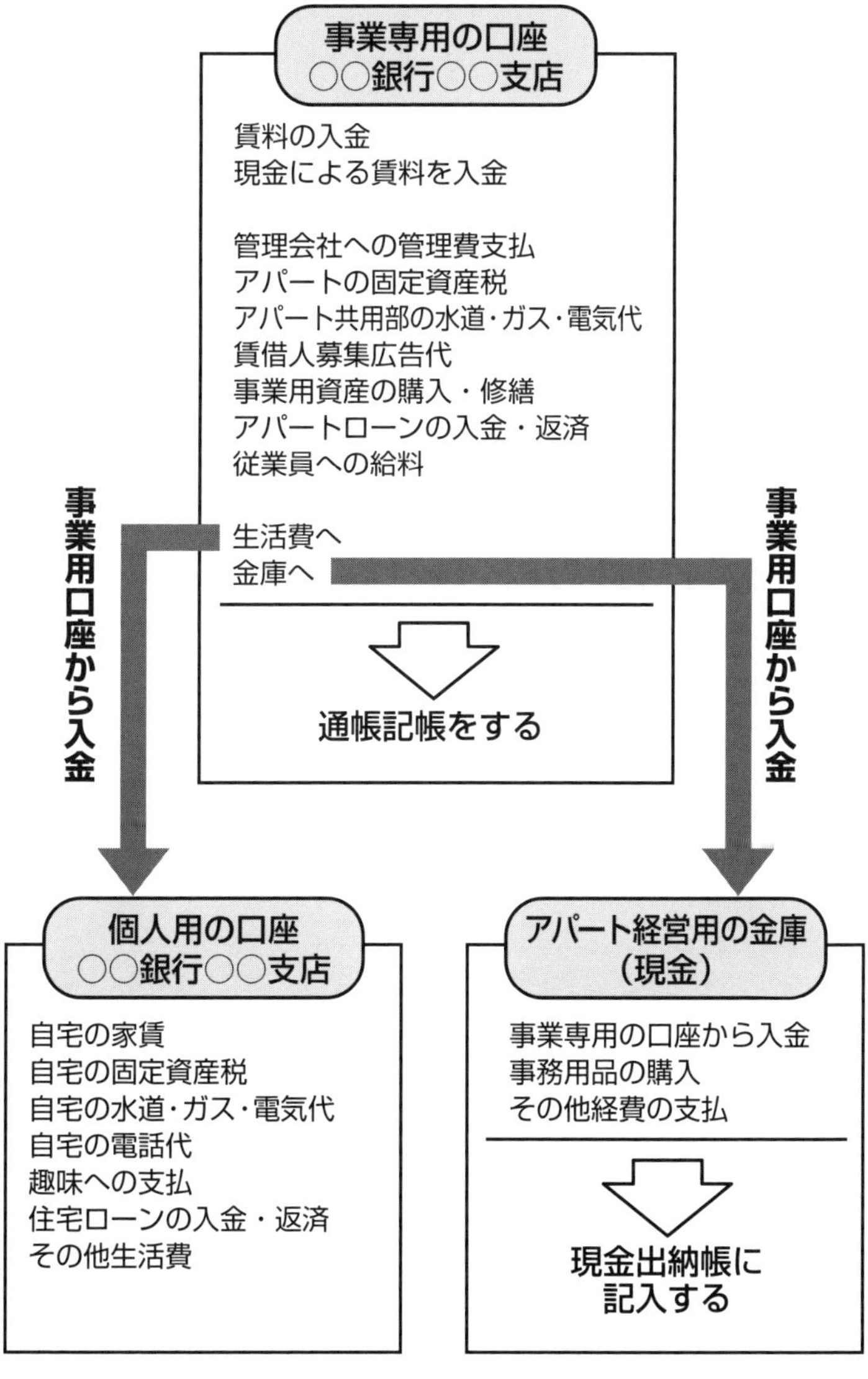
事業専用の口座
○○銀行○○支店
賃料の入金
現金による賃料を入金
管理会社への管理費支払
アパートの固定資産税
アパート共用部の水道・ガス・電気代
賃借人募集広告代
事業用資産の購入・修繕
アパートローンの入金・返済
従業員への給料
生活費へ
金庫へ
通帳記帳をする
事業用口座から入金
事業用口座から入金
個人用の口座
○○銀行○○支店
自宅の家賃
自宅の固定資産税
自宅の水道・ガス・電気代
自宅の電話代
趣味への支払
住宅ローンの入金・返済
その他生活費
アパート経営用の金庫
（現金）
事業専用の口座から入金
事務用品の購入
その他経費の支払
現金出納帳に
記入する

普通預金から振込で支払います。

そうすると、事業所には最低限の現金しか置く必要がありません。

この最低限の現金取引を記載する帳簿が現金出納帳、その他の取引はすべて普通預金通帳に記載されます。

こうしてみると、現金出納帳と普通預金通帳がいかに重要であるかがわかるでしょう。

この2つの帳簿で取引の90％以上が記録として残ります。

残りは、減価償却費の計上などわずかなものです。

売上帳（賃料収入台帳）、経費帳も、現金出納帳と普通預金通帳さえあれば簡単に記帳できるのです。

3 預金通帳は記帳のいらない便利な帳簿です

▼アパート・マンション経営用の口座を開設しましょう

個人的な支払とアパート経営上の支払の区別をはっきりとさせるため、アパート・マンション経営専用の普通預金口座を開設しましょう。

個人的な支払は不動産所得の必要経費になりません。これを家事費と言います。例えば自宅の家賃や、食費、病院代などは、事業に関係のないものです。このような家事費は、個人の普通預金口座から支払うようにします。

▼事業用の経費は、原則、事業専用の口座から支払うようにしましょう

普通預金の通帳には、お金の流れが自動的に記帳されるという利点があります（114ページ参照）。これを最大限に利用しましょう。以下のことを付えば、事業用のお金の流れを、通帳に記帳するだけで明確にすることができます。

①賃料については、すべて事業専用の普通預金口座に入金してもらいます。
②現金による賃料の受取についても、普通預金口座にすべて入金して、通帳の摘要欄に「○×△号室○月分賃料」と記入しておきます。
③共用部の水道料金・電気代、リース料、固定資産税、損害保険料なども事業専用の普通預金口座からの自動引落または自動支払にします。
④青色事業専従者や従業員の給料については総合振込を利用し、振込内容が預金通帳に残るようにします（インターネット取引で振込をすることも可能です）。
⑤銀行振込に向かない小口の経費の支払については、預金から引き出したお金を金庫に入金して、そこから支払うようにします。通帳の摘要欄には「小口現金」と記入しておきます。
⑥生活費は、個人の口座に振りかえて、そこから払うようにしましょう。例えば月1回など、定期的に振り替えて、事業用の銀行口座の通帳には摘要欄に「生活費」と記入しておきます。

現金出納帳はどうしても自分で記入するという作業が必要です。現金での支払をなるべく少なめにして、普通預金で支払うようにすれば、銀行で通帳記帳をするだけで簡単に、しかも正確な帳簿を作成することができるのです。

「現金出納帳」の記入例

No.

年 月	日	摘要		収入金額	支払金額	差引残高
11	1	前月繰越				2,300
	1	普通預金	りそま銀行から引出	15,000		17,300
	5	旅費交通費	JR電車代　募集広告の件で		420	16,880
	8	消耗品費	山田文具　ボールペン等		525	16,355
	13	新聞図書費	文学堂　参考書籍代		3,465	12,890
	20	修繕費	共用部　修理		3,150	9,740
	30	消耗品費	エントランス　マット代		5,250	4,490
		前月残高		2,300		
	30	次月繰越			4,490	
				17,300	17,300	

4 経費と家事費の区分をしっかり行いましょう

▼必要経費になるかは「関連性」と「妥当性」で判断します

普通預金通帳を個人用と事業専用とに分けるのは、個人的な支払は、不動産所得の必要経費にならないという理由からです。では、必要経費になるか、ならないかの判断はどのようにして行えばよいのでしょうか。

この必要経費となるかならないかの基準は「事業関連性」と「妥当性」で判断します。

「事業関連性」とは、その支払が、その売上（賃料収入）を得るために必要なものであることを言います。

例えば、建物の修繕費を支払ったとしましょう。その建物が、賃貸物件の場合には、賃料収入に関係しているものとして必要経費となります。しかし、修繕した建物が自宅であれば、賃料収入には関係ないので必要経費にはなりません。

「妥当性」とは、金額などが事業の内容などから判断して妥当なのかどうかということです。

アパート経営者が、希少性の高い高額な車を購入して賃貸物件の管理に使用するという理由には妥当性がありません。

要するに、事業している本人が「この支払は自分の事業に関わるものであるかどうか」を判別することが判断基準になるのです。

▼必要経費として認めてもらう証拠の残し方

必要経費として認めてもらうにはきちんと証拠を保存しておかなければなりません。領収書を保存するのはもちろんのこと、飲食代の場合には、得意先名や担当者、人数なども明らかにしておく必要があります。これらのことを現金出納帳の摘要欄に記入しておきましょう。

お中元やお歳暮などは、送り先の明細を保管しておきます。また、香典や祝い金の場合には領収証はありませんが、お葬式や結婚式の案内状を保管しておき、そこに払った金額を記入しておきましょう。

もっとも、個人的な支払か、事業的支払かの判断に迷うような支払もあります。

例えば、携帯電話の通話料です。個人用と事業用と2つ持っていれば問題なく区分できるのですが、1つの携帯電話では、個人的な通話料と事業としての通話料が混ざってしまっています。こういった場合には、本来携帯電話の利用明細書からプライベート分と事業分に分けるべきなのですが、これは非常に難しいでしょう。このような場合、自分で合理的な使用割合を決めて按分する方法でも構いません。

税務署につまらない疑いをかけられないために、次のような点に注意しておくことがポイントです。

①飲食代は、場所、相手先、担当者、人数などがはっきりわかるようにしておきます。できれば「打合せ議事録」等を作成しておくといいでしょう。

②ゴルフ等に招待されて支払ったプレー代については、招待状等も保管しておきます。

③お中元・お歳暮は送り先の明細表も保管しておきましょう。

④香典・祝い金等は、通知や招待状に支払った金額を記入して保管しておきます。

⑤①～④については、現金出納帳にも相手先等を記入しておきます。

⑥携帯電話の通話料で、私的なものと事業上のものが混ざっている場合には、利用明細書等で事業上の通話料を区分してから必要経費にします。合理的な按分割合があるのであれば根拠も記載しておきます。

⑦店舗や事務所と住宅が一体になっている場合には、固定資産税や家賃等は、床面積等の基準で按分します。

▼必要経費にならない「家事費」があります

事業に関係のない支払は「家事費」と言われます。家事費はいくら支払っても必要経費にすることはできません。代表的なものを紹介しましょう。

①生活費等

食費、病院代、自宅の家賃、自宅の電話代・ガス代・水道料、家族旅行代などです。

②税金等

所得税、住民税、相続税、贈与税、その他事業に関係のない税金です。

③保険料等

国民健康保険料、国民年金保険料、生命保険料などです。

④罰金

事業にかかわるものであっても、違反をしたことによるペナルティなので、経費にはなりません。交通反則金、罰金、加算税や延滞税などがあります。

5 これがアパート・マンション経営の必要経費です

▼返戻金のある保険の支払は全額経費にできません

アパート・マンション経営に特徴的な必要経費があるので紹介しましょう。

①賃貸物件についての固定資産税・都市計画税

②賃貸物件の取得にかかる借入金の利息

不動産所得が赤字になってしまう場合には注意が必要です。

③賃貸物件の修繕にかかった費用

④賃貸物件にかかる損害保険料

保険期間が10年や20年といった長期間の火災保険については、払い込み保険料の一部または全部が満期返戻金として契約者に支払われるものがあるため、その支払った保険料全額を必要経費にすることができません。保険料のうち、このような積立保険料部分を除いた部分を、保険期間に按分して必要経費に算入していきます。

⑤管理会社への集金手数料
⑥管理会社への清掃代、修繕費等の管理費
⑦入居者募集のための広告宣伝の費用
⑧税理士等への報酬
⑨立退き料
⑩減価償却費
⑪その他の雑費（町会費・消耗品代等）

▼同居する親族への支払は原則的に経費にできません

必要経費になるか、ならないかは「事業関連性」と「妥当性」の2つの基準を満たしているかで判断すると述べました。

では同居している親族への給料は経費として認められるのでしょうか。同居している親族とは、通常の「生計を一」にしている親族です。「生計を一」とは同じ財布で生活している、生活費のやりとりがある間柄という意味です。基本的には、同じ財布の中でお金が動いただけだから、必要経費と認めてはもらえません。ですが、何度か紹介してきたように「青色事業専従者」として税務署に届出ることで、必要経費に入れることができます。

親族に対する必要経費の判定

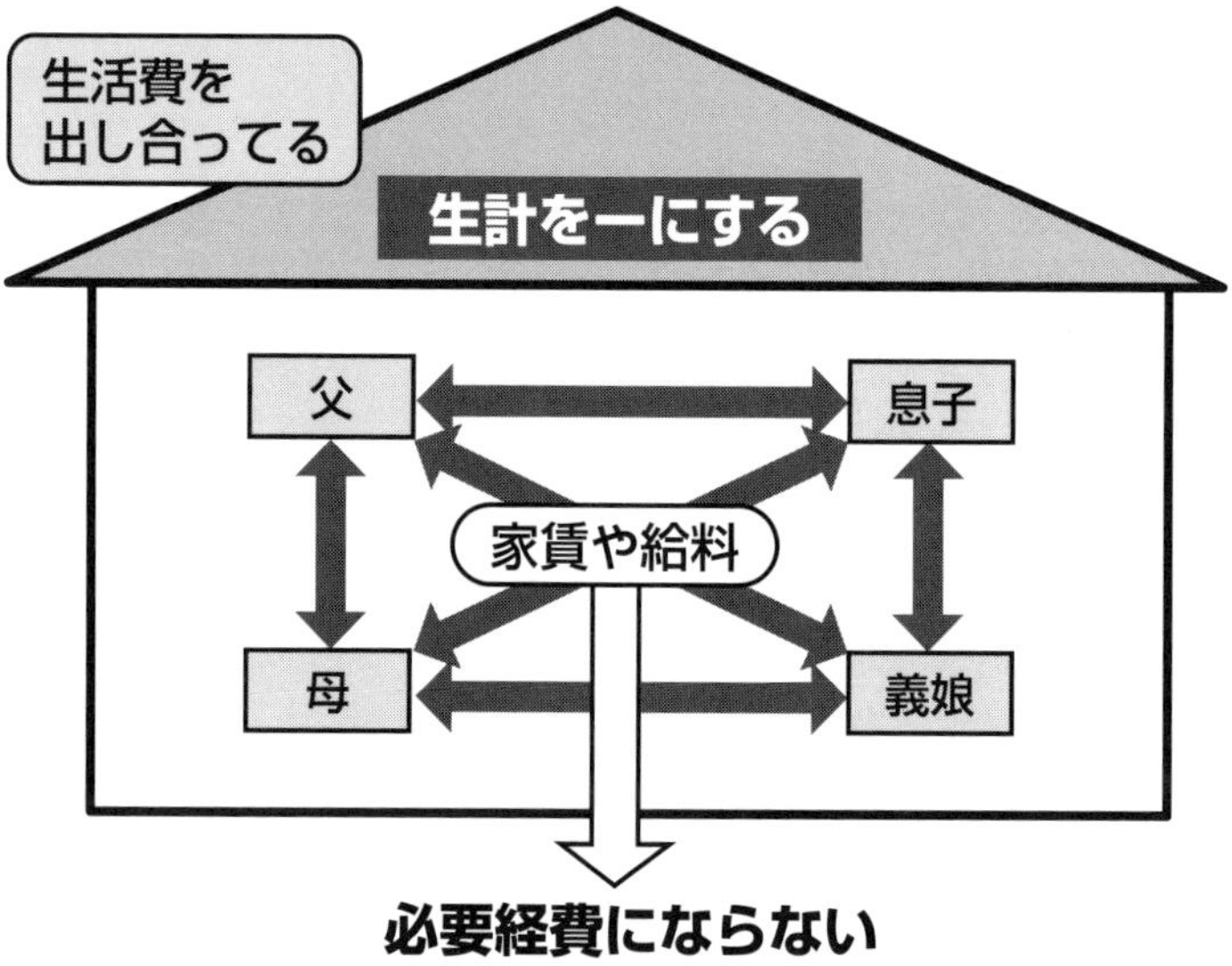

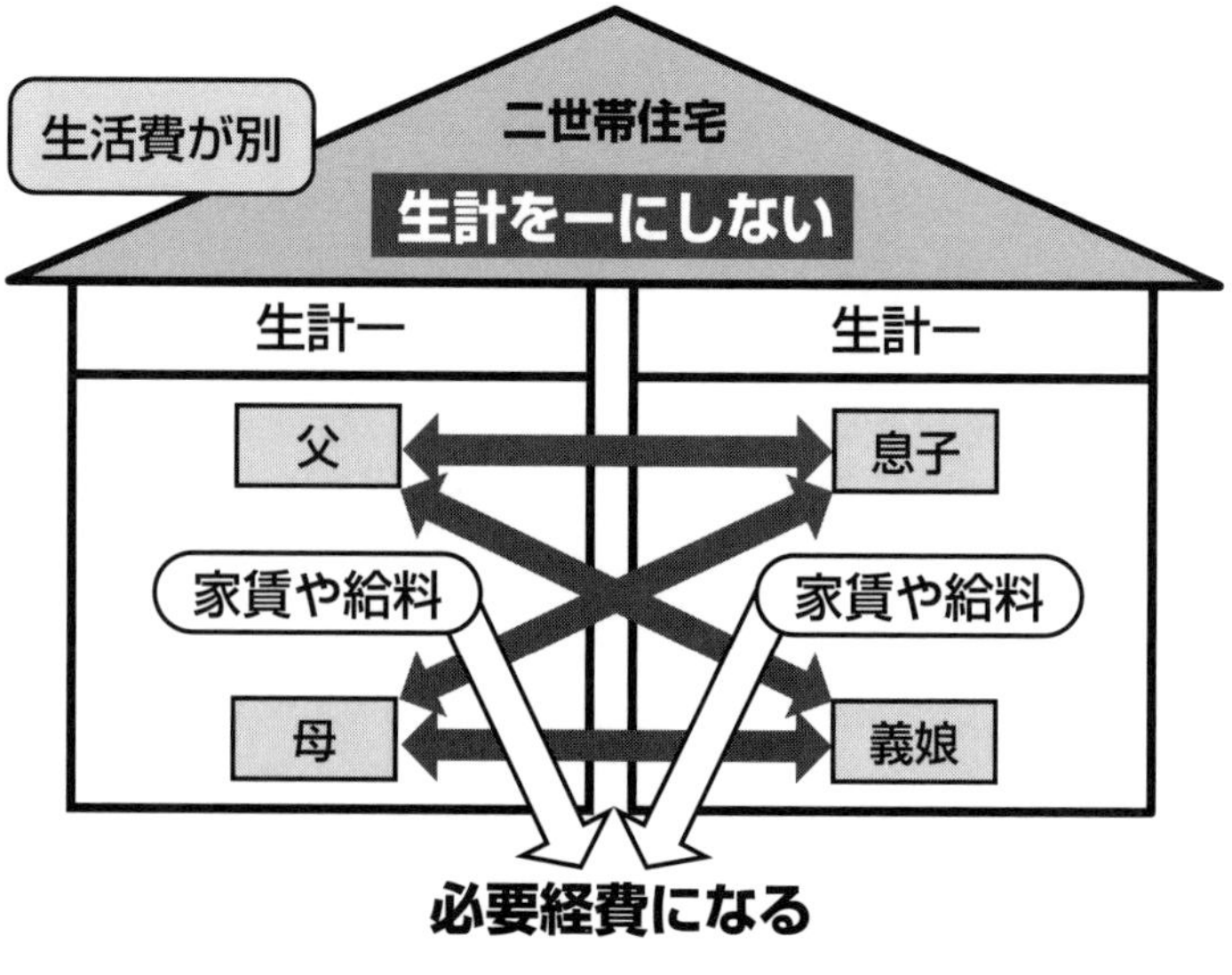

6 勘定科目で収入と経費を区分、集計します

▼勘定科目は確定申告の決算書づくりに必要です

アパート・マンション経営者が確定申告をする際には、申告書のほかに決算書というものが必要になります。第8章で詳しく説明しますが、決算書には1年間の収入と必要経費をその性質別に分けて記入するようになっています。その性質別に分類されたものには「勘定科目」という名前がつけられています。

つまり、収入と必要経費を、その性質に応じて各勘定科目に分けて集計をする必要があるのです。そして、勘定科目ごとに集計した帳簿を「**総勘定元帳**」と言います。

例えば、共用部分の電球を買った場合、「勘定科目」は何にしたらよいでしょうか。この場合「消耗品費」という「勘定科目」になります。水道代や電気代を支払った場合には「水道光熱費」です。

慣れてくれば簡単なのですが、最初は迷うことも多いと思います。決算書に最初から印字さ

れている「勘定科目」と、その内容についての説明を次ページにまとめましたので、こちらを参考にしてください。

▼勘定科目の数は必要最小限にとどめましょう

勘定科目は、絶対にこれらを使用しなくてはいけないというものではありません。自分で、わかりやすい勘定科目をつくることが可能です。

決算書には、既定の勘定科目の欄の下に自分で勘定科目を記入できる欄がありますので、自分でつくった勘定科目を追加することができます。

しかし、毎年違う勘定科目を使って、新しい勘定科目ばかりになってしまうと、前の年との比較ができなくなってしまいます。そのためには、勘定科目に区分する基準は毎年継続しなければなりません。また、むやみに勘定科目をつくることもやめておきましょう。

決算書に印字されている勘定科目

科目	内容	具体例
賃貸料	今年１年分の賃料	家賃・駐車場収入・地代
礼金・権利金・更新料	礼金や権利金、更新料が発生した場合	
租税公課	必要経費になる税金を払った場合	事業税、固定資産税、印紙代、自動車税　等
損害保険料	賃貸物件にかかる損害保険料	
修繕費	賃貸物件にかかる修繕費	
減価償却費	建物、器具備品等の償却費	
借入金利子	賃貸物件にかかる借入金の利息	
地代家賃	賃貸物件が転貸である場合等	家賃、地代、駐車場代等
給料賃金	従業員等に対して支払う給料	給料・賃金・賞与・パート代
その他の雑費	金額が小さくて、頻繁に支払うものではないもの	

7 経費にならないお金の勘定科目を把握しましょう

▼事業に関係のない入金、支払があります

事業上の経費を区分することに対し、事業に関係のないお金の入金や支払は、帳簿上どのように扱えばいいのでしょうか。

これについては、「事業主貸」「事業主借」「元入金」「家事消費」という勘定科目を使って、売上や必要経費とは区分します。

▼経費にならない支払は「事業主貸」として区別します

必要経費にならない支払をした場合に使用する勘定科目を「事業主貸」と言います。

商売用の普通預金や現金から、生活費として使ったり、プライベートの口座に移したりした場合にこの科目を使います。ほかにも、必要経費にならない支払があった場合、例えば、国民年金保険料の支払や子どもの教育費の支払などがあったときに使用します。

事業主借・事業主貸の考え方

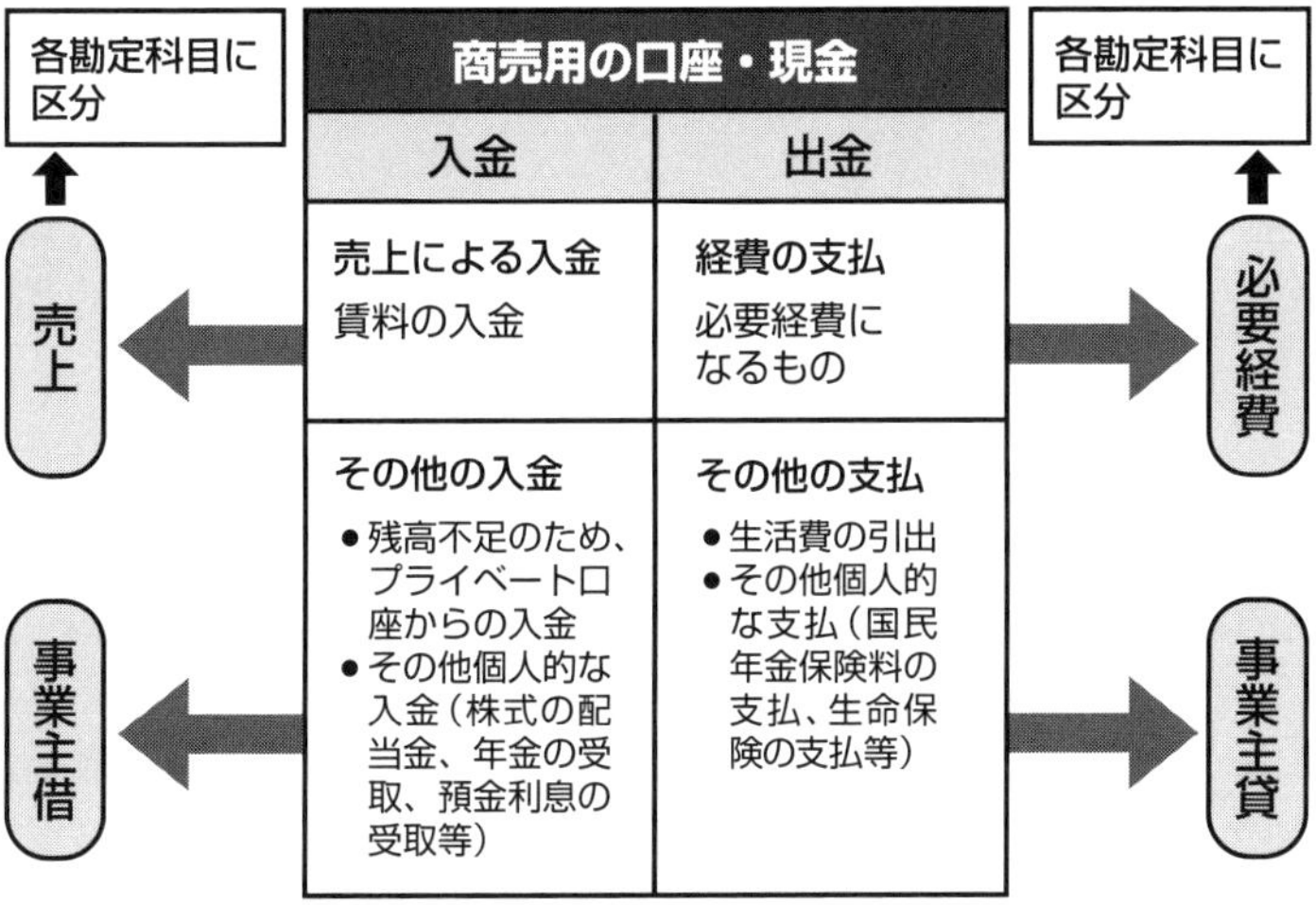

- 事業主貸とは、（a）事業から生じた現金を生活費として家計にまわした金額、（b）事業上必要経費として処理していた金額のうち決算の調整で家事関連費に振り替えた金額、（c）所得税や住民税など必要経費にならない租税公課を支払った金額、（d）家事消費をした金額などの合計金額を言います。
- 事業主借とは、（a）家計から現金を借りた金額、（b）家計の現金で支払った事業上の必要経費、（c）事業用の預貯金の利子など事業所得以外の収入を事業で受け入れた金額の合計金額を言います。

元入金の考え方

開業年	最初に個人から事業用に入れたお金
翌年以降	前年の元入金 ＋ 前年の青色申告控除前の事業所得の金額 ＋ 事業主借 － 事業主貸

▼事業と関係ない入金は「事業主借」として区別します

事業とは関係がない入金を「事業主借」と言います。これは「事業主貸」の逆になります。

例えば、事業用の口座の残高が不足したので、プライベートの口座からお金を移したり、年金を受け取ったり、株式の配当や預金の利息を受け取った、というようなときです。

▼資本金は「元入金」として区別します

「元入金」とは当初の開業資金を言います。会社で言うところの資本金に相当します。ただ、会社の場合と違うのは、毎年金額が変わるということです。

翌年の元入金は次のように計算します。

今年の元入金＋今年の青色申告控除前の所得＋事業主借－事業主貸

ただ、この勘定科目は、お金の動きとは直接は関係しません。確定申告で貸借対照表などを作成する際に出てくるだけですので、普段は気にする必要はありません。

8 給料を計算してみましょう

▼所得税を天引きすることを源泉徴収と言います

従業員の給料を支払う場合には、所得税を天引きし、本人に代わり事業者が税務署に納税する制度があります。これを「源泉徴収」と言います。額の決め方を紹介しましょう。

▼保険料と所得税の決定手順

①扶養控除等（異動）申告書の確認

まず、年初に従業員に「給与所得者の扶養控除等（異動）申告書」を書いてもらいます（179ページ参照）。これは、従業員の扶養に入っている親族がいるかどうかを確認するための書類です。扶養親族等の人数をここで確認しておきます。扶養親族等とは、その年の合計所得金額が133万円以下の見込みである配偶者（その従業員の合計所得金額が1000万円以下の場合に限る）や、その年の合計所得金額が48万円以下の見込みである親族などを言います。

②労働保険料の算出

給料の計算をする際には、源泉所得税の前に労働保険料を計算し、やはりこれも天引きしなければなりません。労働保険料は、労災保険と雇用保険からなり立っています。

まず、雇用保険料は「雇用保険料額表」を見て計算します。労災保険のほうは、「労災保険率表」に保険率が記載されていますので、それを使って計算します。これらの表は、加入手続をした際にもらうことができます（42ページ参照）。

③源泉所得税額の算出

扶養親族等の人数と、労働保険料の額が決定したら、所得税の額を出します。これは「給与所得者の源泉徴収税額表」を見て確認します。この表は、税務署に「給与支払事務所等の開設届出書」を提出すると税務署から送られてきます（40ページ参照）。

まず、「その月の社会保険料控除後の給与等の金額」欄で、給料の額面額から労働保険料の金額を差し引いた金額の当てはまる縦の欄を探します。次に、扶養親族等の数の当てはまる横の欄を探して、ぶつかったところが天引きすべき所得税の額です。

▼賞与からも源泉徴収を行ってください

賞与についても考え方は同じです。労働保険料は、給料の場合と同じようにして計算し、源泉所得税は「賞与に対する源泉所得税額の算出率の表」の率を使って計算します。

「給与所得者の扶養控除等申告書」の記入例

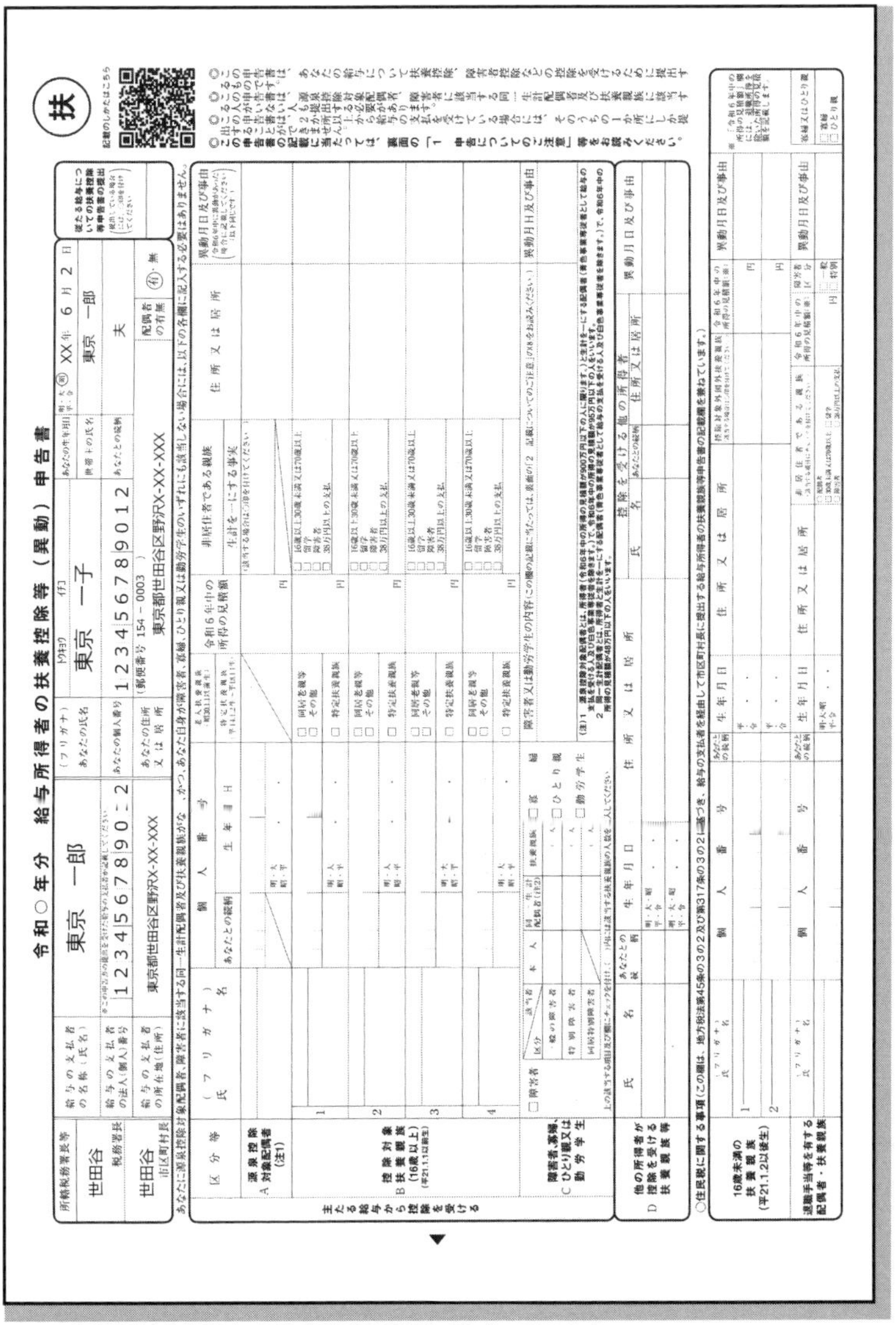

※この記載例は執筆時点の様式及び記載例に基づいています。

9 売上帳をつくりましょう

▼毎月の賃料を管理してください

アパート・マンション経営をしていく上で、賃料の管理は必要不可欠です。賃料の管理は賃料収入台帳で行います。この帳簿が売上帳となります。

次ページのように、物件名、部屋番号、賃借人ごとに、各月の入金日、入金額を記載し、集計しておきましょう。

新しく入居した人から受け取った礼金があれば、受け取った月に、二段書きで金額を入れ、カッコ書きで（礼）と記載しておきます。

毎月、この帳簿をつけておくことで、確定申告のときに慌てて1年分の家賃を集計する必要がなくなります。

「賃料収入台帳」の記入例

物件名	部屋番号	賃借人	1月分 入金	1月分 金額	2月分 入金	2月分 金額	12月分 入金	12月分 金額	合計
パークサイド駒沢	101	山田　洋	12/25	65,000	1/26	65,000	11/25	65,000	780,000
	102	松下　太郎	12/25	65,000	1/23	65,000	11/25	65,000	780,000
	103	鈴木　明子	12/25	65,000	1/26	65,000	11/24	65,000	780,000
	104	大山　直子	12/24	66,000	1/26	66,000	11/25	66,000	792,000
	201	村田　清	12/25	70,000	1/23	70,000	11/26	70,000	840,000
	202	西川　孝司	12/25	70,000	1/26	70,000	11/25	70,000	840,000
	203	中川　愛	12/29	70,000	1/26	70,000	11/25	70,000	840,000
	204	田中　功	12/25	71,000	1/30	71,000	11/26	71,000	852,000
	301	足立　ユキ	12/23	75,000					225,000
	301	友永　牧子			1/26 〃	75,000 (礼)150,000	11/25	75,000	600,000 (礼)150,000
	302	渡辺　桃子	12/25	75,000	1/27	75,000	11/25	75,000	900,000
	303	江川　幸男	12/26	75,000	1/26	75,000	11/27	75,000	900,000
	304	川村　次郎	12/25	76,000	1/26	76,000	11/26	76,000	912,000
		計		843,000		843,000 (礼)150,000		843,000	10,041,000 (礼)150,000
メゾン野沢	101	中島　聡	12/26	60,000	1/26	60,000	11/24	60,000	720,000
	102	大川　有香	12/25	60,000	1/23	60,000	11/25	60,000	720,000
	201	下山　浩二	12/25	20,000	1/10退去・1/20入居				20,000
	201	高井　泰雄	1/25	22,000	1/25	22,000	11/25	62,000	704,000
	202	酒井　桃江	12/27	62,000	1/26	62,000	11/25	62,000	704,000
		計		224,000		204,000		244,000	2,868,000
		合計		1,067,000		1,047,000 (礼)150,000		1,087,000	12,909,000 (礼)150,000

10 預金通帳・現金出納帳から売上帳・経費帳へ記入します

主要な帳簿の役割については、すでに説明しましたので、次に、帳簿記入の流れについて説明します。

▼預金出納帳・現金出納帳から売上帳（賃料収入台帳）へ

普通預金へ賃料の入金があった場合には、預金出納帳（預金通帳）から売上帳（賃料収入台帳）に記入します。現金で受取った場合は、現金出納帳へ記帳したうえで、売上帳（賃料収入台帳）に記入します。

消費税の課税事業者である場合、税込経理・税抜経理のどちらかを選択するかによって、記載方法が異なってきます。また、納税義務のない事業者はすべて税込経理をすることになります。

税込経理の場合には、消費税を含んだ入金額そのものを売上帳に記入します。税抜経理の場合には、消費税を抜いた売上金額を売上帳に記載し、消費税額は「仮受消費税」という勘定科目を使って総勘定元帳に記入します。

また、前月以前に家賃の滞納などで掛売上として売上帳に記帳してある分の入金については、売掛帳に売掛金の入金として記入します。

▼預金出納帳・現金出納帳から経費帳へ

現金で経費を支払った場合には、現金出納帳への記入とともに経費帳に勘定科目ごとに記帳をしなければなりません。

売上帳と同じように、消費税の納税義務者は税込処理か税抜処理かによって記帳方法が変わってきますし、納税義務のない事業者はすべて税込経理になります。

税込経理の場合には、支払った額全額を経費帳に記入します。税抜経理の場合には支払った金額のうち、税抜部分を経費帳に、消費税部分を「仮払消費税」科目を使って総勘定元帳に記入します。

▼預金出納帳・現金出納帳から固定資産台帳へ

固定資産とは、取得価額（購入金額と購入にかかった諸費用の合計額）が10万円以上（30万円未満の金額は必要経費とすることができる特例や一括償却するものを除く）で、耐用年数が

1年以上のものを言います。

具体的には、パソコンや事務用机などです。現金や預金で固定資産を購入した場合には、現金出納帳や預金出納帳から経費帳に記載せず、固定資産台帳に転記します。また、もう使用しなくなった固定資産を売って現金収入があった場合にも現金出納帳へ記入し、同時に固定資産台帳に除却の記入をする必要があります。ただ捨てただけの場合には現金収入もないでしょうから、この場合には、固定資産台帳に除却の記載だけをすることになります。

▼帳簿はメリットの多い「複式簿記」にチャレンジしましょう

ここまでの現金出納帳、預金出納帳、売上帳、経費帳、固定資産台帳の記入で、**「簡易簿記」**が完成します。

「簡易簿記」とは、現金・預金出納帳、売掛帳、買掛帳、経費帳、固定資産台帳で把握できる取引のみを記帳するものです。

そのため、借入金やその他の取引の記帳はなされません。借入金の残債がどれほどあるかは、別途管理しなければなりません。「簡易簿記」は損益計算を主体とした帳簿組織です。

一方、**「複式簿記」**では、損益計算のほかに資産、負債・元入金等のすべてを表す貸借対照表を作成することになります。

複式簿記は簡易簿記よりもさらに多くの帳簿を作成しなければなりません。作業が簡単なのは、簡易簿記ですが、簡易簿記はミスの検証が困難なところがあります。

例えば、現金出納帳や預金通帳から売上帳、経費帳や固定資産台帳へ記入するとき金額を間違えてしまうと、複式簿記であれば貸方と借方の金額の差額として把握することができますが、簡易簿記だと、最初から記帳を見直すことになります。

一方、複式簿記は貸借の不一致が月次または決算時に、検証ができる優れた帳簿組織です。複式簿記については、ある程度の専門知識が必要であり、簡易簿記に比べても記帳に手間がかかります。そのため紙の帳簿で複式簿記を行うには事前の勉強も含めてまとまった時間が必要になってしまいます。また簡易簿記であっても手書きゆえの記入ミスや計算ミスのリスクがどうしても付きまといます。

これらの問題をある程度解決してくれる手段が「会計ソフトを使う」ことです。

▼会計ソフトでさらなる効率化を実現しましょう

第5章で経営の効率化について触れましたが、会計ソフトはこの効率化に大変重要な影響を及ぼします。会計ソフトを導入するとどんなメリットがあるか列挙してみましょう。

①日々の記帳が楽になります

紙面にせっせとペン書きするよりもパソコンで入力する方が早くて楽なのは自明の理です。それだけでなくソフトの仕様によっては似たような取引を記憶させることでいくつもの取引の記帳を一つの操作で完了させたり、ネットバンキングと連動させてほとんど操作すらせずに預金通帳の記帳を終えることも可能です。

②記帳ミス・計算ミスのリスクを格段に減らせます

手書きというのは想像以上にイージーミスが頻出します。そしてミスを見つけたら修正しなければならないのですが手書きだと消しゴムで消したり2重線で消したりするうちにどんどん帳簿が見づらくなりそれがさらなるミスを誘発します。

しかし会計ソフトならミスしても入力しなおせばそれで終わりです。消し跡が残って見づらいなどということもありません。計算も人間のようにうっかり電卓を打ち間違えたりすることもなく常に正確です。これらの煩わしさから解放されるのは十分に効率化が実現できたというべきでしょう。

③複式簿記を勉強しなくても済みます

勉強しなくてもいいと言い切るのは多少語弊があるかも知れませんが、会計ソフトは基本的に複式簿記に基づく決算を遂行するために設計されています。つまり、複式簿記のルールを知らなくても会計ソフトの操作方法に従い入力していけば自動的に複式簿記に基づいた帳簿が作成されるのです。一般的にアパート・マンション経営で極めて専門的な知識が要求される取引が現れるのは稀です。

ところで一口に会計ソフトといってもたくさんのメーカーが様々なソフトを開発しています。操作性やデザイン性などは人によって好き嫌いはあるかも知れませんが、「必要な機能」という観点から見ると、実は選ぶのはそれほど迷うところではありません。なぜならアパート・マンション経営の記帳というのは簿記・会計の世界ではかなり簡単で単純な部類であり、どの会計ソフトでも最低限備えている標準的な機能だけで完了できるのです。わざわざ高い料金を払って多機能・高機能なソフトを導入する必要はありません。

なお、導入コストに焦点を置くと「無料会計ソフト」も選択肢に挙がってきますが、これらの導入には注意が必要です。なぜなら無料をうたっていても期間制限があったり、1カ月の入力件数に制限を掛けたりなど機能を十全に使用できなくしているパターンが少なくないからです。そのため無料会計ソフトを検討する際は、「いつまで」「どの機能まで」無料か必ず確認するようにしましょう。

11 月に1度、数字の集計をしてください

▼月別の集計表をつくっておきます

現金・預金出納帳から、売上帳（賃料収入台帳）、経費帳、固定資産台帳への記入が終わったら、月に1回はこれらの数字を集計してみましょう。

確定申告の時期に慌てて作成するよりも、定期的に集計するほうが、ミスも減りますし、なによりアパート・マンション経営が儲かっているのかどうかをいつでも把握することができます。なにか問題点がある場合、即座に対処することができるでしょう。

次ページの表を見てください。これは「月別総括集計表」のフォームです。各項目別の集計、記入の方法は次のようになります。

①賃料収入

売上帳（賃料収入台帳）から金額を集計してきます。

②更新料・権利金・礼金

「月別総括集計表」の例

		月別				決算修正		
		1月	2月		合計	修正金額	修正後	備考
収入金額	賃料収入							
	更新料・権利金・礼金							
	名義書換料・その他							
	合計							
必要経費	租税公課							
	損害保険料							
	修繕費							
	減価償却費							
	借入金利子							
	地代家賃							
	給料賃金							
	専従者給与							
	合計							
利益								

契約の更新等により受け取った更新料等を記入します。

③必要経費

それぞれの経費帳から集計してきます。

表中にある決算修正とは、例えば去年分の賃料が今年になって入金された場合、その収入を今年の収入から差引くといった作業のことを言います。

この月別総括集計表は、法律で作成が義務づけられているものではありません。しかし、定期的に記帳漏れや、記帳ミスがないかをチェックすることで、より正確な帳簿を作成することができます。

月に1度は必ず集計するようにしましょう。そして自分の商売上、無駄な経費や改善すべき点がないかを確認するようにしてください。

12 消費税の仕組みを理解しておきましょう

▼売上にかかる消費税から仕入れ・経費にかかる消費税を引いて算出します

消費税は、商品の販売やサービスの提供などの取引に対してかかる税金です。生産から流通の取引段階において、それぞれ10％が課税されて、最終的には最後に購入する消費者が負担することになります。

事業者は、消費者から預かった税金を消費者に代わって申告し、納税をするシステムになっています。

消費税の納税額は、次の算式で計算します。

売上にかかる消費税－仕入れ・経費にかかる消費税

売上にかかる消費税が多い場合は、その額を納税します。仕入れ・経費にかかる消費税が多い場合は、その額の還付が受けられます。

建物を事務所として賃貸している（課税取引）例で説明しましょう。

事務所を店子に対して年間４５０万円で賃貸した場合には、消費税45万円（４５０万円×10%）をあわせた４９５万円を受け取ることになります。

この家賃収入に対する経費として不動産管理会社に対する管理料が年間１００万円発生したときに、管理料１００万円に消費税を10万円（１００万円×10%）加算して１１０万円を管理会社に支払います。

この場合、オーナーが納めなければならない消費税は、

45万円－10万円＝35万円

になります。１月１日から12月31日までの取引のすべての消費税を計算し、消費税の確定申告期限である翌年の３月31日にはこの35万円を支払うことになるのですが、これが１年分ともなるとかなりの金額になるでしょう。

納税の期限に納付すべき消費税は、日常の運転資金として取り込んでしまっているのが普通ですので、納期限に納税資金に不足が生じないよう十分注意しなければなりません。

▼アパート・マンションの賃貸収入には消費税がかかりません

ここからはアパート・マンション経営と消費税のかかわりを見ていきましょう。

売上には消費税がかかる「課税売上」と消費税がかからない「非課税売上」があります。住宅として貸し付けているアパートやマンションの賃貸収入は消費税がかからない非課税売上です。したがって、住宅用の賃貸収入のみであれば納めるべき消費税は生じません。

一方、前項で例に挙げた事務所や駐車場の賃貸収入は消費税が課される課税売上です。消費税がかかる取引とかからない取引を195ページの表にまとめましたので、参考にしてください。

▼仕入れ・経費にかかる消費税が全額ひけるわけではありません

仕入れ・経費にも消費税がかかる「課税仕入れ」と消費税がかからない「非課税仕入れ」があります。195ページの表をご参考ください。

売上にかかる消費税からひくことができる仕入れ・経費にかかる消費税は、その売上に対応したものであることが必要です。売上で受け取った消費税から仕入れで支払った消費税をひくことを「仕入税額控除」といいます。

住宅用のアパート・マンションの賃貸収入には消費税がかからないので、その収入を生むために支払った修繕費や管理料等の費用は原則仕入税額控除が認められません。

アパート・マンションなどの建物を購入した場合には多額の消費税を支払いますが、住宅の賃貸収入という非課税売上げを得るためのものであるため、仕入税額控除が原則認められません。したがって原則還付の対象とはなりません。

以前は、賃貸用アパート・マンションを取得する際、その稼働前に自動販売機や金地金取引などによる課税売上を作為的に創出する手法により、建物取得に際して支払った消費税の還付を受けるケースが多く見られましたが、令和2年10月1日以降は税抜価格が1000万円以上の居住用の賃貸用建物の取得については消費税の仕入税額控除は厳格に認められないことになりました。

消費税がかかる取引、かからない取引

消費税が課税される収入（課税売上）とは

○は課税取引　×は非課税取引

収入（消費税の課税の有無）			
家賃・礼金・地代・更新料収入などの貸付収入	建物の貸付	住宅の貸付（貸付期間が1カ月以上のもの）	×
		上記以外の店舗・事務所などの貸付	○
	土地の貸付	駐車場の貸付（青空駐車場を除く）	○
		更地の貸付（青空駐車場を含む）	×
建物・土地の売却	建物の売却		○
	土地の売却		×

消費税が課税される費用等（課税仕入）とは

支出（消費税の課税の有無）	
建物の購入	○
土地の購入	×
借入金の利子	×
不動産管理会社に支払う管理料	○
従業員に支払う給与	×
修繕費	○
固定資産税等の税金	×
火災保険料などの保険料	×

13 消費税を納税する必要があるか確認しましょう

▼開業から2年は納税義務がありません

事務所や店舗、駐車場等の消費税がかかる賃貸収入がある場合でも、消費税はすべての事業者が支払わなければいけないものではありません。

消費税の納税義務があるかどうかは、2年前の課税売上で判定します。

2年前の課税売上が1000万円を超えるのであれば消費税を納める義務があります。納める消費税の計算は、今年の売上や仕入れにかかる消費税をもとに行います。

開業したばかりの場合には、判定する2年前がありませんので、開業して2年間は、納税義務はありません（1年前の半年の売上で課税事業者となる場合もあります）。

ただし、この場合、課税仕入高が課税売上高を上回っても、消費税の還付は受けられません。設備投資などが多く、課税仕入高が課税売上高を上回りそうだと見込まれる場合には、税務署へ**「消費税課税事業者選択届出書」**を事前に提出する必要があります。

この届出を行い、課税事業者を選択することで、余分に支払った消費税が還付されます。課税事業者選択は、届出書を提出した日の翌年からの適用になります。そのため課税事業者になろうとするときは、**前年の12月31日までに**届出書を提出する必要があります。

なお開業初年度の場合は、**開業年の年末までに**提出すればいいことになっています。また、いったん課税事業者を選択してしまうと2年間（一定の場合には3年間）は免税事業者に戻れません。

免税事業者に戻る場合は、**「消費税課税事業者選択不適用届出書」**を税務署に、免税事業者へ戻る**前年12月31日までに**提出しなければなりません。

▼簡易課税制度を利用すれば帳簿づけが楽になります

前項で見たように、消費税を1年分すべて計算する作業は、なかなか煩雑です。そこで課税売上が5000万円以下の事業者は、実際の課税仕入の額にかかわらず、課税売上に対して、業種ごとに定められている「みなし仕入率」を適用して課税仕入額を計算する方法があります。

これを簡易課税といい、これを選択することで、税額計算が楽であるばかりか、実際に支払った額よりも多くの金額を控除できる可能性があります。

不動産賃貸業の、みなし仕入れ率は40%です。この方式を選択するための**「消費税簡易課税**

制度選択届出書」は前年末日（開業初年度は初年度年末）までに提出しなければなりません。

簡易課税制度の適用を受けるには、支払った消費税が受け取った消費税より多い場合であっても消費税の還付を受けることはできません。簡易課税制度を一度選択すると2年間は変更ができないので注意が必要です。

「消費税課税事業者選択届出書」の記入例

第1号様式

消費税課税事業者選択届出書

収受印

令和 ○ 年 10 月 5 日	届出者	(フリガナ)	ﾄｳｷｮｳｾﾀｶﾞﾔｸﾉｻﾞﾜ
		納税地	(〒 154－0003) 東京都世田谷区野沢X-XX-XXX (電話番号 03 －XXXX－XXXX)
		(フリガナ)	
		住所又は居所 (法人の場合) 本店又は主たる事務所の所在地	(〒 －) 同上 (電話番号 － －)
		(フリガナ)	ﾊﾟｰｸｻｲﾄﾞｺﾏｻﾞﾜ
		名称(屋号)	パークサイド駒沢
		個人番号 又は 法人番号	↓ 個人番号の記載に当たっては、左端を空欄とし、ここから記載してください。 1 2 3 4 5 6 7 8 9 0 1 2
		(フリガナ)	ﾄｳｷｮｳ ｲﾁﾛｳ
		氏名 (法人の場合) 代表者氏名	東京 一郎
		(フリガナ)	
世田谷 税務署長殿		(法人の場合) 代表者住所	(電話番号 － －)

下記のとおり、納税義務の免除の規定の適用を受けないことについて、消費税法第9条第4項の規定により届出します。

適用開始課税期間	自 ○平成 ○令和 ○ 年 1 月 1 日 至 ○平成 ○令和 ○ 年 12 月 31 日		
上記期間の基準期間	自 ○平成 ○令和 ○ 年 1 月 1 日	左記期間の総売上高	円
	至 ○平成 ○令和 ○ 年 12 月 31 日	左記期間の課税売上高	円

事業内容等	生年月日(個人)又は設立年月日(法人)	1明治・2大正・3昭和・4平成・5令和 ○ ○ ○ ○ ○ XX 年 7 月 19 日	法人のみ記載	事業年度	自 月 日 至 月 日
				資本金	円
	事業内容	不動産賃貸業	届出区分	事業開始・設立・相続・合併・分割・特別会計・その他 ○ ○ ○ ○ ○ ○ ○	
参考事項			税理士署名	(電話番号 － －)	

※税務署処理欄	整理番号		部門番号				
	届出年月日 年 月 日		入力処理	年 月 日	台帳整理	年 月 日	
	通信日付印 年 月 日	確認	番号確認		身元確認 □ 済 □ 未済	確認書類	個人番号カード／通知カード・運転免許証 その他 ( )

注意 1. 裏面の記載要領等に留意の上、記載してください。
2. 税務署処理欄は、記載しないでください。

※この記載例は執筆時点の様式及び記載例に基づいています。

14 インボイス制度に冷静に対応しましょう

▼令和5年10月1日からインボイス制度が始まりました

消費税法の改正に伴うインボイス制度の導入され、各業界がその対応で慌ただしくなっていますが、アパート・マンション経営をする不動産オーナーにとってはどんな影響があるのでしょうか？　結論から言うと「影響はないので対応策をとる必要はなし」です。ただし、これは本書が前提としている「これから居住用のアパート・マンションの賃貸事業を始めようとする人」の場合です。もしあなたがすでに別の事業を営んでおり、さらに余剰資金で不動産運用を始めようとしている、あるいは、不動産賃貸以外の事業はしないとしてもテナントや商業ビルの貸付けを中心に考えている場合は無関係とはいきません。インボイス制度について詳しく調べたり、税理士などの専門家に依頼するなどして適切に対処する必要があります。

では、一件でもテナントを貸し付けていればインボイスを検討しなければならないのでしょうか？　まだこの段階では検討する必要はありません。詳細は割愛しますがインボイスは借りている側の税額計算に影響がある制度なので店子が何も要求してこないのなら、不動産オーナーが自らインボイスの発行や家賃交渉を持ちかける必要はないのです。

したがって、不動産オーナーがインボイスについて考えなければならないタイミングは「店子からインボイス発行、またはインボイス制度を理由とする値下げ要求」があったときです。消費税の課税事業者になってインボイスを発行するか、家賃を値下げする代わりにインボイス発行要求を撤回してもらうか。どのような方策が有利かは各不動産オーナーによって異なります。消費税は扱いがとても難しい税金に分類されるので、このような状況では税理士などの専門家に依頼して対応策を検討してもらうことをお勧めします。

15 電帳法について確認しましょう

▼電帳法の規定に注意してください

電帳法（正式名称は「電子計算機を使用して作成する国税関係帳簿書類の保存方法等の特例に関する法律」）とは帳簿や書類を紙ではなくデータで保存する際のルールを定めたものです。この規定の中には強制適用とされているものが一部あるため、あまり事業規模の大きくない不動産オーナーといえど完全に無視はできません。ここからは最低限注意すべき規定だけ抜粋して解説します。

▼請求書等はなるべく紙で受領するようにしましょう

一番簡単な対応策は「紙で書類を受け取る」ことです。電帳法では請求書等の書類をデータ上でやり取りした場合、そのデータを一定のルールに基づいて保存することを義務付けています。しかし、国税庁は「全く同じ内容の書類を正本として受領した場合はその書類を紙面で保存するだけで良い」と定めているので、可能な限り取引先から紙で書類をもらうようにすれば電帳法の規定から逃れることができます。

▼最低限の対応で済ませましょう

どうしても取引先の都合で紙の書類をもらえないこともあるかもしれません。その場合は次に示す必要最低限の対応で乗り切りましょう。

①データ保存用のパソコンまたはスマホを用意する
②プリンタを用意する（近場にコンビニなどの有料プリンタを使える場所があるときは不要）
③国税庁が公表するサンプルを使って改ざん防止規定を用意する
④後述する方法でデータを保存する

国税庁が公表するサンプルとはデータがみだりに改ざん・削除されていないように運用していることを示す書類のことです。この書類をダウンロードし日付など一部を自身の事業に合わせて書き直せば改ざん防止規定は完成です。

一番面倒なのは④の要件ですが、国税庁は「エクセルなどの表計算ソフトを使用してデータの索引簿を作成する」「データのファイル名は規則的なルールに従って付す」の2つの対応方法を例示しています。2つのうちどちらの方がより良いというものではないので、自身の事業にとって最も都合の良い手段を選びましょう。

令和6年からは新しい猶予措置が設けられ、税務署長が「相当の理由」があると認めた場合は、その電子データを書面出力して提出できること及び電子データそのものをダウンロードできる状態にしておくことを条件に、ルール通りの保存方法によらなくても良いこととされました。なお「相当の理由」とは、社内システムの整備が間に合わない等の状況のことを指します。設備は揃っているけど面倒だからやらないというのは当然のことながら「相当の理由」にはなりません。

「検索機能の確保」の例

1.索引簿を作成して対応する場合

索引簿（サンプル）

連番	日付	金額	取引先	備考
①	20210131	110000	㈱霞商店	請求書
②	20210210	330000	国税工務店㈱	注文書
③	20210228	330000	国税工務店㈱	領収書
④				
⑤				
⑥				
⑦				
⑧				

国税庁「参考資料（各種規程等のサンプル）」https://www.nta.go.jp/law/joho-zeikaishaku/sonota/jirei/0021006-031.htm

2.規則的なファイル名を付して対応する場合

ファイル名を「年月日、金額、取引先名」で統一させた場合

改ざん防止規定サンプル

（個人事業者の例）

電子取引データの訂正及び削除の防止に関する事務処理規程

この規程は、電子計算機を使用して作成する国税関係帳簿書類の保存方法の特例に関する法律第７条に定められた電子取引の取引情報に係る電磁的記録の保存義務を適正に履行するために必要な事項を定め、これに基づき保存することとする。

（訂正削除の原則禁止）

保存する取引関係情報の内容について、訂正及び削除をすることは原則禁止とする。

（訂正削除を行う場合）

業務処理上やむを得ない理由（正当な理由がある場合に限る。）によって保存する取引関係情報を訂正又は削除する場合は、「取引情報訂正・削除申請書」に以下の内容を記載の上、事後に訂正・削除履歴の確認作業が行えるよう整然とした形で、当該取引関係情報の保存期間に合わせて保存することをもって当該取引情報の訂正及び削除を行う。

一　申請日
二　取引伝票番号
三　取引件名
四　取引先名
五　訂正・削除日付
六　訂正・削除内容
七　訂正・削除理由
八　処理担当者名

この規程は、令和〇年〇月〇日から施行する。

国税庁「参考資料（各種規程等のサンプル）」https://www.nta.go.jp/law/joho-zeikaishaku/sonota/jirei/0021006-031.htm

第8章

1年間のアパート・マンション経営のまとめです 決算と確定申告を行いましょう

１年が終わったら、決算を行って税金の申告を行います。これが確定申告です。一連の手順に加え、困ったときの相談先も掲載しました。

1 決算書は1年の稼ぎがわかる通信簿です

▼1年が終わったら決算をしましょう

個人でアパート・マンション経営をしている人は、1月1日から12月31日までが1つの事業年度として定められています。この1年間の取引を集計してどれだけ儲かったか、また、どれだけ損をしたか把握するための計算を「決算」と言います。

1月1日から12月31日の間に、入金があった家賃収入や更新料などの収入金額の合計額から、支払った固定資産税や不動産会社への管理手数料、ローンの返済金、広告宣伝費等の支出金額の合計額を差し引いた金額が、利益または損失という単純なものではありません。「収支計算」を「期間損益計算」に修正する作業が必要です。

▼決算の流れを把握してください

具体的に決算の仕方について確認していきましょう。決算は一つひとつの取引の積み重ねです。確実に検証してください。

◆基礎資料の確認（記帳の検証）

①記帳漏れはないか、重複して記帳されているものはないか

②金額の間違いがないか

③経費の勘定科目の区分に間違いがないか

◆決算修正

①12月31日までに入金があるが1月以降の家賃の除外

②12月31日までの家賃、更新料等であるが12月31日に入金のないものの加算

③12月31日までに支出があるが1月以降の経費の除外

④12月31日までの経費であるが12月31日までに支出のないものの加算

⑤減価償却費の計上

⑥決算書の作成

この手順により作成した決算書に基づいて、所得税の確定申告書を作成することになります。

決算書と確定申告書は3月15日が提出期限です。

2 年間の家賃収入と経費を把握します

▼「前受金」は来期の収入になります

アパート・マンションの家賃は、通常、翌月の家賃を前月に入金してもらっています。これを「前受金」と言います。

213ページの上図を見てください。

9月に賃貸契約を締結し、契約時に翌月の家賃として10万円を受け取りました。翌月以後は毎月末に10万円の家賃が振り込まれてきています。12月31日の段階で通帳には家賃収入として、40万円の入金があります。

しかし、12月に振り込まれた家賃は翌年の1月1日～1月31日の期間に対応します。つまり、当期に入金のあった40万円のうち、30万円分が当期の不動産収入額となります。

では、12月に入金のあった家賃10万円はどうなるのでしょうか。これは、翌年の家賃収入となります。この10万円は「前受金」となり、貸借対照表の負債の部に記載されます。

▼敷金・礼金は礼金だけが収入とされます

アパート・マンションは入居者と契約を締結した場合、一定の礼金を受け取り、敷金を預かります。敷金は入居者の退去時に返還されますが、礼金は返還しません。

２１３ページの上図では、契約締結時に礼金として20万円、敷金として20万円入金されました。手元にある金額は40万円ですが、礼金の20万円のみを収入金額とします。敷金の20万円は貸借対照表の負債の部に記載されます。

▼1月に支払う12月の電気代は今期の経費です

２１３ページの中図を見てください。10月に使用した電気代は11月に支払います。同様に11月に使用した電気代は12月に支払います。

では、12月の電気代はどうなるのでしょうか。

使用したのは当期中なのですが、支払は翌年の1月となってしまいます。これは「未払費用」です。

支払は翌年であったとしても当期中に役務の提供を受けているものについてはこの年の経費として考えます。

▼「前払費用」は今期分のみを費用処理します

次に一括で支払う経費はどのように考えるのでしょうか。

次ページの下図を見てみましょう。

10月1日に火災保険を契約しました。契約期間は10月1日から翌年の9月30日の1年です。契約時に1年間の火災保険料を12万円支払いました。

支払保険料は12万円ですが、これはまだ期間が経過しない1月1日から9月30日の9ヵ月分を含んでいます。これを「前払費用」と言います。

前払費用処理された部分は翌年に期間が到来した月に費用として処理されます。

なお、前払費用の額で、地代家賃、保険料、支払利息など、その支払った日から1年以内に提供を受ける役務に係るものを支払った場合において、その支払った金額を継続して、その年度の経費に算入しているときは、その支払時点で費用に算入することが認められます。

例えば、年末に12月から翌11月までの家賃を一括前払いし、その後の年において継続して同一の処理をした場合には、前払いした家賃はその支払った年の経費として認められます。

収入と費用の処理方法は？

家賃収入の前受金

			12/31	
9月	10月	11月	12月	1月
10月分家賃の入金 100,000円	11月分家賃の入金 100,000円	12月分家賃の入金 100,000円	1月分家賃の入金 100,000円 （翌年の収入）	2月分家賃の入金 100,000円
礼金の入金 200,000円 敷金の入金 200,000円				

水道光熱費の未払費用

			12/31	
9月	10月	11月	12月	1月
	9月分電気代 10,000円	10月分電気代 10,000円	11月分電気代 10,000円	12月分電気代 10,000円(前年の経費)

火災保険料の前払費用

			12/31	
9月	10月	11月	12月	1月
	1年分の 火災保険料支払 120,000円 10/1～9/30			1～9月分の 火災保険料は 翌年の経費

3 減価償却費を計上してください

▼今期の減価償却費はいくらでしょうか

アパート・マンションのような建物、電気設備等の建物附属設備、不動産経営をするために用意したパソコンやコピー機、プリンター等の器具備品、車両運搬具などの資産は、時の経過に伴いその価値が減少していきます。

このような資産を減価償却資産と言います。

減価償却資産は取得時に要した金額を一時に費用処理せず、その資産の使用可能期間に応じて一定の計算方法により費用化していきます。使用可能期間は資産ごとに法律で定められております。これを耐用年数と言います。

▼定額法か定率法かを選び減価償却費を計算します

減価償却の計算方法には定額法と定率法があります。どの方法を採用するかは選択の届出が必要となります（建物、建物附属設備及び構築物については定額法と定められています。101ページ参照）。なお届出の選択をしなかった場合には、定額法により計算することになります。

▼定額法による減価償却費の計算方法

定額法は、毎年一定の金額を減価償却費として計上します。この方法のメリットは計算が簡単であることが挙げられます。算式は次のようになります。

減価償却費の額＝取得価額×定額法償却率

＊取得価額とは、その資産の取得に要した費用で、購入金額のほか購入のために要した付随費用を加算した金額となります。
＊定額法償却率は、法定耐用年数に応じて定められている割合です。
＊年の中途で取得した資産は使用した月数により月割り計算します。
＊残存価額が1円まで償却することができます。

▼定率法による減価償却費の計算方法

定率法は、初期に多額の減価償却費を計上し、その後年々減価償却費が減少していきます。

この方法のメリットは、先に多くの減価償却費の計上ができるため、早期に資産の購入資金の回収が行え、一般的に有利と言われています。定率法を選択する場合には、税務署に届出を提出しなければなりません。算式は次のようになります。

期首の減価償却資産の帳簿価額×定率法償却率

＊期首の減価償却資産の帳簿価額（昨年の決算書の未償却残高）
＝取得価額－過去に行った減価償却費の合計額

＊定率法償却率は、法定耐用年数に応じて定められている割合です。

＊年の中途で取得した資産は使用した月数により月割り計算します。

＊なお、ある程度償却が進んで未償却残高が一定額になった場合、均等償却で残存価額が1円まで償却されることがあります。

▼一括して償却できる資産があります

減価償却資産の取得価額が10万円以上20万円未満のものは、通常の定額法や定率法による減価償却、もしくは青色申告者の特典である30万円未満の一括経費算入の規定（98ページ）に代えて、事業の用に供した事業年度から3年間で均等に償却（1年あたり3分の1ずつ経費計上）

することができます。

この3年間で費用計上される資産を「一括償却資産」と言います。

この計算は、その年において一括償却資産の対象となる資産の金額の合計額に単純に3分の1を乗じて償却費を求めます。

この方法のメリットは、事業用の資産に対して課税される償却資産税（地方税で固定資産税の一種です）の課税の対象とならないことが挙げられます。これに対して取得価額が10万円以上20万円未満の資産を青色申告者の30万円未満の一括経費算入の規定を使って一括で経費算入した場合には、償却資産税の対象となります。

▼特例を上手に利用しましょう

この減価償却にはいくつか特例があるので紹介しておきましょう。

①青色申告者は、取得価額30万円未満（白色申告者の場合には10万円未満）の資産（1年間の取得価格の合計額が３００万円まで）は全額経費とすることができます。
②使用可能期間が1年未満の資産は全額経費とすることができます。
③減価償却の対象となる資産の取得価額が10万円以上20万円未満のもので、一括償却の方法で経費算入することを選択した資産（青色申告者の場合には、①の30万円未満の一括経費算入

の規定を適用しなかった場合）は3年間で3分の1ずつ経費とすることができます。

▼固定資産管理台帳をつくり、管理しましょう

減価償却費の計算の方法を簡単に紹介しましたが、この事業の用に供している固定資産は、その動きを管理する帳簿である固定資産台帳で管理します。

固定資産台帳に記載すべき資産は、減価償却の対象となる固定資産と同じになります。書き方の具体例は223ページを参照してください。

減価償却資産の償却率表

定額法

耐用年数	償却率	耐用年数	償却率	耐用年数	償却率	耐用年数	償却率
2	0.500	15	0.067	28	0.036	41	0.025
3	0.334	16	0.063	29	0.035	42	0.024
4	0.250	17	0.059	30	0.034	43	0.024
5	0.200	18	0.056	31	0.033	44	0.023
6	0.167	19	0.053	32	0.032	45	0.023
7	0.143	20	0.050	33	0.031	46	0.022
8	0.125	21	0.048	34	0.030	47	0.022
9	0.112	22	0.046	35	0.029	48	0.021
10	0.100	23	0.044	36	0.028	49	0.021
11	0.091	24	0.042	37	0.028	50	0.020
12	0.084	25	0.040	38	0.027		
13	0.077	26	0.039	39	0.026		
14	0.072	27	0.038	40	0.025		

定率法

耐用年数	償却率	耐用年数	償却率	耐用年数	償却率	耐用年数	償却率
2	1.000	15	0.133	28	0.071	41	0.049
3	0.667	16	0.125	29	0.069	42	0.048
4	0.500	17	0.118	30	0.067	43	0.047
5	0.400	18	0.111	31	0.065	44	0.045
6	0.333	19	0.105	32	0.063	45	0.044
7	0.286	20	0.100	33	0.061	46	0.043
8	0.250	21	0.095	34	0.059	47	0.043
9	0.222	22	0.091	35	0.057	48	0.042
10	0.200	23	0.087	36	0.056	49	0.041
11	0.182	24	0.083	37	0.054	50	0.040
12	0.167	25	0.080	38	0.053		
13	0.154	26	0.077	39	0.051		
14	0.143	27	0.074	40	0.050		

減価償却資産耐用年数表①

	構造・用途	細目			耐用年数
建物	鉄骨鉄筋コンクリート造 鉄筋コンクリート造のもの	事務所用のもの			50
		住宅用のもの			47
		飲食店用のもの	延面積のうちに占める木造内装部分面積が3割を超えるもの		34
			その他のもの		41
		店舗用のもの			39
		車庫用のもの			38
		工場用・倉庫用のもの			38
	金属造のもの	事務所用のもの	骨格材の肉厚が	4mmを超えるもの	38
				3mmを超え、4mm以下のもの	30
				3mm以下のもの	22
		店舗用・住宅用のもの	骨格材の肉厚が	4mmを超えるもの	34
				3mmを超え、4mm以下のもの	27
				3mm以下のもの	19
		飲食店用・車庫用のもの	骨格材の肉厚が	4mmを超えるもの	31
				3mmを超え、4mm以下のもの	25
				3mm以下のもの	19
		工場用・倉庫用のもの	骨格材の肉厚が	4mmを超えるもの	31
				3mmを超え、4mm以下のもの	24
				3mm以下のもの	17
	木造のもの	事務所用のもの			24
		店舗用・住宅用のもの			22
		飲食店用のもの			20
		車庫用のもの			17
		工場用・倉庫用のもの			15
建物附属設備	店用簡易装備				3
	冷暖房設備（22kw以下）				13
	電気設備（照明設備を含む）	蓄電池電源設備以外のもの			15
	給排水・衛生設備、ガス設備				15

減価償却資産耐用年数表②

	構造用途	細目				耐用年数
車両運搬具	一般用	自動車（二輪・三輪自動車を除く）	小型車（総排気量が0.66リットル以下のもの）			4
			その他のもの	貨物自動車	ダンプ式のもの	4
					その他のもの	5
				報道通信用のもの		5
				その他のもの（一般の乗用車）		6
		二輪自動車				3
	運送事業用	自動車（含二輪・三輪自動車、乗合自動車を除く）	小型車			3
			大型乗用車			5
			その他			4
		乗合自動車				5
器具及び備品	家具・電気機器・ガス機器・家庭用品	事務机、事務いすキャビネット	主として金属製のもの			15
			その他のもの			8
		応接セット	接客業用のもの			5
			その他のもの			8
		ベッド				8
		児童用机、いす				5
		陳列だな、陳列ケース	冷凍機付・冷蔵機付のもの			6
			その他のもの			8
		その他の家具	接客業用のもの			5
			その他のもの	主として金属製のもの		15
				その他のもの		8
		ラジオ、テレビジョン、テープレコーダーその他の音響機器				5
		冷房用・暖房用機器				6
		電気冷蔵庫、洗濯機、その他これらに類する電気ガス機器				6
		氷冷蔵庫、冷蔵ストッカー（電気式のものを除く）				4
		カーテン、座ぶとん、寝具、丹前、その他これらに類する繊維製品				3
		じゅうたんその他の床用敷物	小売業・接客業用・放送用・レコード吹込用・劇場用のもの			3
			その他のもの			6
		室内装飾品	主として金属製のもの			15
			その他のもの			8
		食事・厨房用品	陶磁器製・ガラス製のもの			2
			その他のもの			5
		その他のもの	主として金属製のもの			15
			その他のもの			8

減価償却資産耐用年数表③

	構造用途	細目		耐用年数
器具及び備品	事務機器、通信機器	電子計算機	パソコン（サーバー用を除く）	4
			その他のもの	5
		複写機、計算機(電子計算機を除く)、タイムレコーダーその他これらに類するもの		5
		その他の事務機器		5
		ファクシミリ		5
		インターホーン、放送用設備		6
		電話設備その他の通信機器	デジタル構内交換設備、デジタルボタン電話設備	6
			その他のもの	10
	光学機器写真製作機器	カメラ、映画撮影機、映写機、望遠鏡		5
		引伸機、焼付機、乾燥機、顕微鏡、その他の機器		8
	看板、広告器具	看板、ネオンサイン、気球		3
		マネキン人形、模型		2
		その他のもの	主として金属製のもの	10
			その他のもの	5
	金庫	手さげ金庫		5
		その他のもの		20

「固定資産台帳」の記入例

資産名	建物附属設備		
所在地	世田谷区野沢×－××－××		
構造	給排水設備	細目	
取得年月日	○年9月10日	数量	1
償却方法	定額法	耐用年数	15年
償却率	0.067	取得価額	20,000,000円

年月日	摘要	取得			減価償却額	期中増減		期末未償却残高		事業専用割合	必要経費算入額
		数量	単価	金額		数量	金額	数量	金額		
○.9.10	購入・事業供用	1		20,000,000		1			20,000,000		
○.12.31	令和○年分減価償却費				446,666	1			19,553,334	100%	446,666

4 確定申告のための決算書をつくりましょう

▼「所得税青色申告決算書（不動産所得用）」を作成しましょう

では1年間のアパート・マンション経営の成果である、決算書の作成方法を説明しましょう。決算書の用紙は、通常、開業届を提出すると税務署から送付されてきます。決算書は不動産所得用で作成します。青色申告をしている人は、「所得税青色申告決算書（不動産所得用）」という様式を使用します。ここでは、青色申告を行っている前提でこの決算書の書き方を紹介していきます。

▼帳簿を集計して損益計算書、貸借対照表を作成してください

その年の経営成績を表す書類を「損益計算書」と言います。1年間の家賃収入などの収益及び固定資産税や管理手数料、減価償却費などの費用項目が計上され、1年間の利益を表した書類です。

一方、財政状態を表す書類を「貸借対照表」と言います。現金預金、売掛金、土地、建物等の資産の部と、金融機関からの借入金、借主から預かっている敷金等の負債の部、元入金や当期の利益の資本の部から成り立っていて、資産の部と負債・資本の部の合計額が一致する仕組みとなっています。

また、損益計算書の利益と貸借対照表の元入金の部に記載された「青色申告特別控除前の所得金額」の額も一致することになります。

この損益計算書と貸借対照表をあわせて「決算書」と言い、この決算書をもとに確定申告をすることになるので決算は非常に重要な作業です。

▼損益計算書（1ページ目）を完成させましょう（230ページ参照）

まず、今まで作成してきた帳簿を集計することからスタートです。

各帳簿の年末残高と前項での決算調整を加味した金額のうち、収益項目（①～③）、費用項目（⑤～⑰）を1ページ目の損益計算書に転記します。

損益計算書の構成は収益項目の合計（④）から必要経費の合計（⑱）を差し引いて利益（⑲「差引金額」）を求めます。さらに、その求めた利益から、専従者給与（⑳）と青色申告特別控除額（㉒55万円もしくは10万円）を差し引き㉓「所得金額」を求めます。

＊電子申告等一定の場合は65万円

ここで求めた所得金額が所得税額の計算の基礎となります。

▼内訳書（2ページ目）を完成させましょう（231ページ参照）

▽不動産所得の収入の内訳

期間損益計算により計算した賃料収入を計上します。本年度（1月1日～12月31日）の期間に対応する賃料収入を計上するため、1月分の家賃の前受け分については除きます。

この内訳書に記載された賃料収入、礼金・権利金更新料は1ページ目の損益計算書①「賃貸料」と②「礼金・権利金更新料」の金額と一致しなければなりません。また、2ページ目の「保証金・敷金（期末残高）」の合計額は、4ページ目の貸借対照表（233ページ）の負債の部にある「保証金・敷金」の欄と一致する必要があります。

▽給料賃金の内訳

従業員の年間の給与・賞与を各人ごとに記載します。源泉徴収税額を計上する欄がありますが、記載金額は年末調整後の税額を記載することに注意しましょう。給料賃金の内訳の合計額は1ページ目の⑪「給料賃金」の金額と一致する必要があります。

▽専従者給与の内訳

専従者給与の内訳の合計額は1ページ目の⑳「専従者給与」の金額と一致しなければなりません。

▼内訳書（3ページ目）を完成させましょう（232ページ参照）

▽減価償却費の計算

減価償却費の計算については、固定資産台帳から資産の種類ごとに転記することになります。「一括償却資産」については、今年に支出した「一括償却資産」の対象となる金額の合計額をまとめて記入します。「青色申告者が取得した30万円未満の一括経費算入の特例」の適用を受ける場合にも、今年に支出したその対象となる金額の合計額をまとめて記入します。ただし、「一括償却資産」の場合とは異なり摘要欄に「措法28の2」と記載し、この特例の適用をしている旨の意思表示を行う必要があります。

減価償却費の計算の合計額は、1ページ目⑧「減価償却費」の金額と一致します。

▽地代家賃の内訳

それぞれ今年中に支払うことが確定した金額を記入します。地代家賃の内訳の金額は1ページ目⑩「地代家賃」と一致します。

▽借入金利子の内訳

「借入金利子」の内訳の利子の合計額は1ページ目⑨「借入金利子」の合計額と一致します。
また、期末現在の借入金等の金額は4ページ目、「貸借対照表」の負債の部「借入金」の欄と一致することになります。

▽税理士・弁護士等の報酬・料金の内訳

今年中に支払うことが確定した金額、つまり、役務の提供を受けたが期末現在未払いになっている報酬等を含めて記入します。源泉徴収額も未払いになっている報酬に対応する金額を計上します。

この内訳書に記載した金額の合計額は、1ページ目の損益計算書中の必要経費欄に「税理士報酬」等の科目を記載して一致させてください。

▼貸借対照表（4ページ目）を完成させましょう（233ページ参照）

決算書4ページ目の貸借対照表は、年末時点での資産や負債の状況を表したものになります。
また、青色申告特別控除の65万円を受ける事業者は必ず作成しなければなりません。

貸借対照表は正規の簿記の原則（複式簿記）にしたがって日々の取引を記帳し、仕訳帳とすべての科目の総勘定元帳を作成し、その総勘定元帳の残高を基礎とします。

期首の残高（合計額）へは昨年の決算で確定した残高をそのまま転記します。この場合、昨年の事業主貸、事業主借、元入金、青色申告特別控除前の所得金額を合算し事業主貸をひいて、期首の元入金とします。

　期末の元入金は期首の元入金と同じ金額になります。

　そして、期末残高をすべて転記し、最後に期末の資産総額から負債総額と元入金の合計額を差し引いて「青色申告特別控除前の所得金額」を求めます。

　この金額は損益計算書の「青色申告特別控除前の所得金額」と一致することになります。この金額が一致しない場合には、記帳漏れ、転記ミス、計算の誤りなどが原因ですので、再度確認をしなければなりません。


　ここまでの作業をすべて行って決算書が完成しました。

「所得税青色申告決算書」1ページ目の記入例

FA3200

令和 0 年分所得税青色申告決算書（不動産所得用）

この青色申告決算書は機械で読み取りますので、黒のボールペンで書いてください。

住所	東京都世田谷区野沢X-XX-XXX	フリガナ 氏名	トウキョウ イチロウ 東京 一郎	依頼税理士等	事務所所在地
					氏名（名称）
職業	不動産賃貸業	電話番号	03-xxxx-xxxx		電話番号

整理番号

令和 年 月 日

提出用

（令和二年分以降用）

損益計算書（自 月 日至 月 日）

科目		金額（円）	科目		金額（円）
収入金額 賃貸料	①	3000000	必要経費	⑬	
収入金額 礼金・権利金 更新料	②	2000000	必要経費	⑭	
収入金額	③		必要経費	⑮	
収入金額 計	④	5000000	必要経費	⑯	
必要経費 租税公課	⑤	948600	必要経費 その他の経費	⑰	
必要経費 損害保険料	⑥		必要経費 計	⑱	3007600
必要経費 修繕費	⑦	10000	差引金額（④−⑱）	⑲	1992400
必要経費 減価償却費	⑧	599000	専従者給与	⑳	270000
必要経費 借入金利子	⑨	250000	青色申告特別控除前の所得金額（⑲−⑳）	㉑	1722400
必要経費 地代家賃	⑩		青色申告特別控除額（65万円又は55万円又は10万円と㉑のいずれか少ない方の金額）	㉒	650000
必要経費 給料賃金	⑪		所得金額（㉑−㉒）	㉓	1072400
必要経費 広告宣伝費	⑫	1200000	土地等を取得するために要した負債の利子の額		

●下の欄には、書かないでください。

⑲

Ⓐ

←青色申告特別控除については、「決算の手引き」の「青色申告特別控除」の項を読んでください。

←㉓欄が赤字の人で必要経費に算入した金額のうちに土地等を取得するために要した負債の利子の額がある人は、その負債の利子の額を書いてください。

−1−

「所得税青色申告決算書」2ページ目の記入例

■ 令和 0 年分　氏名《フリガナ》 東京《トウキョウ》 一郎《イチロウ》　FA3225 ■

整理番号

提出用（令和二年分以降用）

○不動産所得の収入の内訳（書ききれないときは、適宜の用紙に書いて決算書に添付してください。）

貸家貸地等の別	用途（住宅用、住宅用以外等の別）	不動産の所在地	賃借人の住所・氏名	賃貸契約期間	賃付面積	本年中の収入金額 賃貸料 月額	賃貸料 年額	礼金 権利金 更新料	名義書換料 その他	保証金 敷金（期末残高）
アパート	住宅用	東京都世田谷区野沢X-XX-XXX	A	自 年 10 月 至 ・12	平方メートル	100,000 円	300,000 円	㊗ 200,000 円	円	200,000 円
アパート	住宅用		B	自 ・10 至 ・12		100,000	300,000	200,000		200,000
アパート	住宅用		C	自 ・10 至 ・12		100,000	300,000	200,000		200,000
アパート	住宅用		D	自 ・10 至 ・12		100,000	300,000	200,000		200,000
アパート	住宅用		E	自 ・10 至 ・12		100,000	300,000	200,000		200,000
アパート	住宅用		F	自 ・10 至 ・12		100,000	300,000	200,000		200,000
アパート	住宅用		G	自 ・10 至 ・12		100,000	300,000	200,000		200,000
アパート	住宅用		H	自 ・10 至 ・12		100,000	300,000	200,000		200,000
アパート	住宅用		I	自 ・10 至 ・12		100,000	300,000	200,000		200,000
アパート	住宅用		J	自 ・10 至 ・12		100,000	300,000	200,000		200,000
				自 ・ 至 ・						
				自 ・ 至 ・						
				自 ・ 至 ・						
				自 ・ 至 ・						
				自 ・ 至 ・						
計							3,000,000	2,000,000		2,000,000

○給料賃金の内訳

氏名	年齢	従事月数	支給額 給料賃金	賞与	合計	所得税及び復興特別所得税の源泉徴収税額
	歳	月	円	円	円	円
計	延べ従事月数					

○専従者給与の内訳

氏名	続柄	年齢	従事月数	支給額 給料	賞与	合計	所得税及び復興特別所得税の源泉徴収税額（円）
東京　一子	妻	38 歳	3	270,000 円	円	270,000 円	

－2－

「所得税青色申告決算書」3ページ目の記入例

整理番号 FA3250

○減価償却費の計算（令和二年分以降用）

減価償却資産の名称等（繰延資産を含む）	面積又は数量	取得年月	㋑取得価額（償却保証額）	㋺償却の基礎になる金額	償却方法	耐用年数	㋩償却率又は改定償却率	㋥本年中の償却期間	㋭本年分の普通償却費（㋺×㋩×㋥）	㋬割増（特別）償却費	㋣本年分の償却費合計（㋭＋㋬）	㋠貸付割合	㋷本年分の必要経費算入額（㋣×㋠）	㋦未償却残高（期末残高）	摘要
建物		・10	48,000,000円（ ）	48,000,000円	定額	47年	0.022	3/12月	264,000円	円	264,000円	100%	264,000円	47,736,000円	
建物附属設備		・10	20,000,000（ ）	48,000,000	定額	15	0.067	3/12	335,000		335,000	100	335,000	19,665,000	
		・	（ ）					/12							
		・	（ ）					/12							
		・	（ ）					/12							
		・	（ ）					/12							
		・	（ ）					/12							
		・	（ ）					/12							
		・	（ ）					/12							
		・	（ ）					/12							
		・	（ ）					/12							
		・	（ ）					/12							
計									599,000		599,000		599,000	67,401,000	

（注）平成19年4月1日以後に取得した減価償却資産について定率法を採用する場合にのみ㋑欄のカッコ内に償却保証額を記入します。

○地代家賃の内訳

支払先の住所・氏名	賃借物件	本年中の賃借料・権利金等	左の賃借料のうち必要経費算入額
		権 円 更 賃	円
		権 更 賃	

○借入金利子の内訳（金融機関を除く）

支払先の住所・氏名	期末現在の借入金等の金額	本年中の借入金利子	左のうち必要経費算入額
新宿銀行	50,000,000円	250,000円	250,000円

○税理士・弁護士等の報酬・料金の内訳

支払先の住所・氏名	本年中の報酬等の金額	左のうち必要経費算入額	所得税及び復興特別所得税の源泉徴収税額
	円	円	円

－3－

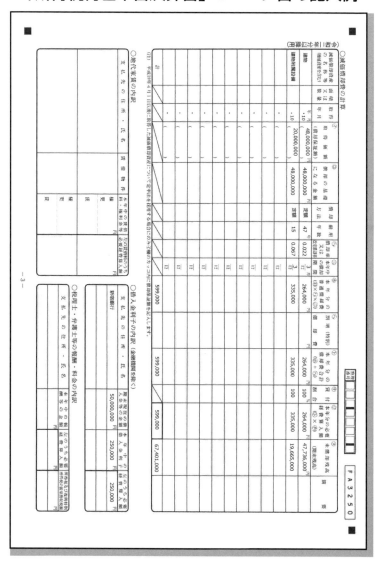

「所得税青色申告決算書」4ページ目の記入例

整理番号　　FA3275

貸借対照表（資産負債調）

（令和〇年12月31日現在）

● 65万円又は55万円の青色申告特別控除を受ける人は必ず記入してください。それ以外の人でも分かる箇所はできるだけ記入してください。（令和二年分以降用）

資産の部 科目	1月1日（期首）	12月31日（期末）	負債・資本の部 科目	1月1日（期首）	12月31日（期末）
現金	1,000,000 円	3,281,400 円	借入金	51,000,000 円	50,000,000 円
普通預金		2,000,000	未払金		600,000
定期預金			保証金・敷金		2,000,000
その他の預金					
受取手形					
未収賃貸料					
未収金					
有価証券					
前払金					
貸付金					
建物	48,000,000	47,736,000			
建物附属設備	20,000,000	19,665,000			
構築物					
船舶					
工具器具備品					
土地	100,000,000	100,000,000			
借地権					
公共施設負担金					
			事業主借		1,260,000
			元入金	118,000,000	118,000,000
事業主貸		900,000	青色申告特別控除前の所得金額		1,722,400
合計	169,000,000	173,582,400	合計	169,000,000	173,582,400

（注）「元入金」は、「期首の資産の総額」から「期首の負債の総額」を差し引いて計算します。

◎本年中における特殊事情・保証金等の運用状況（借地権の設定に係る保証金などの預り金がある場合には、その運用状況を記載してください。）

－4－

5 確定申告を行いましょう

▼確定申告書に必要事項を記入していきましょう

前項で作成した決算書をもとにして確定申告書を作成しましょう。確定申告書も通常、開業届を提出すると、確定申告期限（2月16日〜3月15日）前に税務署から送付されてきます。

確定申告書は、簡単に言うと、決算書で計算した1年間すべての所得金額を記載し、そこから税務上認められる所得控除や税額控除の計算をし、精算をする手続です。

それでは確定申告書の記入方法を見ていくことにしましょう。

申告書や申請書等を事務所に提出する際は毎回マイナンバーの記載が必要です。

(1) 不動産所得の損益計算書「収入金額」④の金額（225ページ参照）を、確定申告書第一表「収入金額等」（243ページ参照）の㋒「不動産」に、損益計算書の㉓「所得金額」（225ページ参照）の金額を、確定申告書第一表の「所得金額」の③「不動産」に転記します。

また、不動産所得以外の所得がある場合にはそれぞれ「収入金額等」と「所得金額」に記載し、所得金額の合計を⑫に記載します。

(2) 所得控除を確定申告書B第一表の⑬〜㉘「所得から差し引かれる金額」に記載し、その合計額を㉙に記載します。

また、所得控除の内訳を確定申告書第二表「所得から差し引かれる金額に関する事項」(244ページ)に記載します。各種所得控除については、238ページ以降で説明します。

(3) 第一表の所得金額の⑫「合計」から「所得から差し引かれる金額」㉙「合計」を差し引いた金額を㉚「課税される所得金額」に記載します(1000円未満切捨て)。

(4) ㉚「課税される所得金額」に対する税額を「所得税の速算表」(237ページ参照)に当てはめて計算し、当該計算により算出された所得税額を㉛「上の㉚に対する税額」に記入します。

(5) ㉜「配当控除」、㉞「住宅借入金等特別控除」等の税額控除の適用のある人は該当箇所に記入し、㊶「差引所得税額」と㊸「再差引所得税額」を記入します。㊹「復興特別所得税額」を計算し、記入、㊺「所得税及び復興特別所得税の額」に㊸と㊹の合計額を記入します。

(6) 給与所得等があり源泉徴収された所得税額がある場合には、源泉徴収税額を㊽「源泉徴収税額」に記入し、その内訳を確定申告書第二表の「所得の内訳(源泉徴収税額)」に記載します。給与所得がある人は、源泉徴収票から転記してください。

(7) ㊾「申告納税額」、所得税の前払い（予定納税）をされた人については第一期分、第二期分の合計額をあわせて㊿「予定納税額」に記入します（予定納税については252ページで解説します）。そして、㊾から㊿を差し引いた金額がプラスであれば、51「納める税金」に記載します（100円未満切捨て）。

納める税金は申告書に同封されている納付書に同額を記載して、申告期限である3月15日までに金融機関などで納付します。その数字がマイナスであれば52「還付される税金」に記入します。還付される税金がある場合には、「還付される税金の受取場所」に納税者本人名義の金融機関口座を記入します。

(8) 3月15日までに51「納める税金」の2分の1以上の金額を納付すれば、延納をすることができます。

延納をする人は、延納する金額を65「延納届出額」（1000円未満切捨て）を記入し、本来納めるべき金額である51「納める税金」に記載した金額から「延納届出額」65を指し引いた金額を64「申告期限までに納付する金額」に記入します。なお、延納を受けた場合には、その延納をした金額に応じた利子税を支払うことになります。

(9) 確定申告書第一表の「その他」の欄の57「専従者給与（控除）額の合計額」と58「青色申告特別控除額」は損益計算書から転記します。そして、その内訳を同じく損益計算書から第

所得税の速算表

課税される所得金額㉚ （1,000円未満切捨て）	税率	控除額
195万円以下	5%	0円
196万円超～330万円以下	10%	97,500円
330万円超～695万円以下	20%	427,500円
695万円超～900万円以下	23%	636,000円
900万円超～1,800万円以下	33%	1,536,000円
1,800万円超～4,000万円以下	40%	2,796,000円
4,000万円超	45%	4,796,000円

（例）「課税される所得金額」㉚が800万円である場合には、
8,000,000円×23%－636,000円＝1,204,000円（税額）
となります。

二表の「事業専従者に関する事項」に転記します。

また、「その他」の項目の(56)「配偶者の合計所得金額」は、配偶者控除及び配偶者特別控除の適用を受ける場合に記載してください。

⑩ 第二表の「住民税・事業税に関する事項」の「給与所得以外の住民税の徴収方法の選択」の欄の該当項目にチェックマークを入れます。これは給料を取っている人が住民税を給料から天引きするか、それとも納付書にて自分で支払うかの選択になりますが、通常給料を取っていない人は「自分で納付（普通徴収）」を選択します。

▼節税の要、所得控除の欄を記入してください

所得控除には14種類あります。文字どおり所得からの控除項目なので適用が受けられれば節税になります。

(1) 社会保険料控除⑬　本人や生計を一にする親族が負担すべき健康保険料や介護保険料や年金保険料などを支払った場合には、その支払った金額が所得から控除されます。

(2) 小規模企業共済等掛金控除⑭　本人が小規模企業共済等に支払った掛金の金額を所得から控除することができます。この控除を受けるためには、支払った掛金額の証明書を添付しなければなりません。

(3) 生命保険料控除⑮　本人が生命保険や生命共済等の保険料を支払った場合には、一般の生命保険料と個人年金保険料に分けて、その支払った金額のうち一定金額をそれぞれ所得から控除を受けることができます。この控除を受けるためには、一般の生命保険料は一契約につき9000円を超えるものについて、個人年金保険料はすべてのものについて、支払額などの証明書を添付しなければなりません。なお介護医療保険料として支払った金額のうち一定金額を控除できる介護医療保険料控除もあります。

(4) 地震保険料控除⑯　本人が居住用家屋などの保険契約等の保険料を支払った場合には、

その支払った金額のうち全額（5万円を限度）を所得から控除を受けることができます。この控除を受けるためには、地震保険料の支払額の証明書を添付しなければなりません。なお、アパート・マンションの地震保険は不動産所得の必要経費となり、地震保険料控除の対象となりません。

（5）寡婦控除又はひとり親控除⑰⑱　本人が寡婦である場合には、所得から27万円を控除することができます。寡婦とは本人の合計所得金額が500万円以下であり、かつ、次のいずれかに該当する人を指します。

- 夫と離婚後、婚姻をしておらず、扶養親族がいる人
- 夫と死別後婚姻をしていない又は夫の生死が明らかでない一定の人

なお、かつては「寡夫」についても規定がありましたが、次に説明するひとり親控除に統合されたため今は存在しません。

ひとり親控除は令和2年に創設された新制度で、次のすべての要件に該当する場合に所得から35万円を控除することができます。

- 婚姻をしていないこと又は配偶者の生死が明らかでない一定の場合に該当すること
- 事実婚の状態にある人がいないこと
- 生計を一にする子がいること（子の総所得金額等が48万円以下で他の者の扶養親族又は同一

生計配偶者になっていない場合に限る）

• 本人の合計所得金額が５００万円以下であること

寡婦控除とひとり親控除の両方に該当する場合はひとり親控除の適用が優先されます。ひとり親控除を適用する際には「所得から差し引かれる金額」の⑰⑱「寡婦、ひとり親控除」の「区分」に1を記入します。

(6) 勤労学生控除、障害者控除⑲⑳　本人が一定の学校に在籍している学生であり、かつ、給与所得などの所得が発生している場合には、所得から27万円を控除することができます。これを勤労学生控除と言い、この控除を受けるためには、その在籍する学校から一定の証明書を発行してもらい申告書に添付する必要があります。

本人やその扶養親族が障害者や特別障害者である場合には、所得から27万円（特別障害者の場合には40万円、同居特別障害者の場合には75万円）を所得から控除することができます。なお、障害者控除は、年少扶養親族（扶養親族のうち、年齢16歳未満の者を言う）の場合にも適用されます。勤労学生控除と障害者控除は書く欄が同じなので両方の適用があるときは合計額を記入します。

(7) 配偶者（特別）控除㉑㉒　本人と生計を一にする配偶者で合計所得金額が48万円以下（パート等で給与収入がある場合は年収が１０３万円以下）の者がいる場合には、配偶者控除として、所得から一定金額（納税者本人の合計所得金額が９００万円以下で配偶者の年齢が70歳未満の場合は38万円）を控除することができます。

本人の合計所得金額が１０００万円以下であり、本人と生計を一にする配偶者の合計所得金額が48万円を超え１３３万円以下である場合（パート等で給与収入がある場合は年収１０３万円を超え２０１万円以下）には、所得から一定の金額を控除することができます。

配偶者控除を適用するときは区分１にはなにも記入しません。配偶者特別控除を適用するときは区分１に１を記入します。（＊）

（８）扶養控除㉓ 本人と生計を一にする配偶者以外の親族のうち、年齢が16歳以上で合計所得金額が48万円以下の人がいる場合には、所得金額から一定金額（通常の場合には38万円、その親族の年齢が16歳以上23歳未満の場合には63万円、その他一定の場合には一定の金額）を控除することができます。（＊）

（９）基礎控除㉔ 基礎控除は令和元年まではすべての人に適用があり一律38万円を所得から控除することができました。令和２年以降は、納税者本人の合計所得金額（２４３ページ⑫の金額）に応じて、２４００万円までは48万円、２４５０万円までは32万円、２５００万円までは16万円となり、２５００万円を超えると基礎控除はゼロになります。

（10）雑損控除㉖ 本人や配偶者および親族で生計を一にする人が、災害・盗難・横領によって住宅や家財に損害を受けた場合や災害等に関連して支出をした場合には、その損失のうち一定の金額を所得から控除することができます。ただし、書画、貴金属、別荘など通常生活に必要のない資産の損失は、この控除の対象となりません。この控除を受けるためには、災害等に関連してやむを得ない支出をした金額についての領収書を添付する必要があります。

(11) 医療費控除㉗ 本人や生計を一にする親族のために医療費を一定金額（通常は10万円）以上支払った場合（保険金等で補填された金額を除く）には、その一定金額を超えた金額（最高200万円）が所得から控除されます。

また、医療費控除の特例として、一定の要件を満たす人が、ドラッグストアなどで「要指導医薬品」及び「一般用医薬品」を合計1万2000円以上購入した場合には支払った金額の合計額から1万2000円を差し引いた金額（最高8万8000円）が所得から控除されます。これをセルフメディケーション税制と言い、通常の医療費控除との選択適用となり、重複して適用することはできません。

(12) 寄付金控除㉘ 国や地方公共団体、社会福祉法人、一定の認定NPO法人等の特定の団体に支出した寄付金や特定の政治献金等がある場合には、所得から一定の金額の控除を受けることができます。なお、特定の政治献金のうち政党や政治資金団体に対するものについては、政党等寄付金特別控除（税額控除）と有利なほうを選択して適用できます。寄付金控除を受け

「所得税確定申告書（第一表）」の記入例

FA2202

税務署長
令和＿年＿月＿日
令和 ○○ 年分の 所得税及び復興特別所得税 の確定 申告書

第一表（令和四年分以降用）

納税地	〒154-0003
個人番号（マイナンバー）	○○○○○○○○○○○○
生年月日	3 XX.07.19
現在の住所 又は 居所 事業所等	東京都世田谷区野沢X-XX-XXX
フリガナ	トウキョウ イチロウ
氏名	東京 一郎
令和 年1月1日の住所	同上
職業	不動産賃貸業
屋号・雅号	
世帯主の氏名	東京一郎
世帯主との続柄	本人
電話番号（自宅・勤務先・携帯）	03 − XXXX − XXXX

（単位は円）

収入金額等	事業 営業等	㋐	
収入金額等	事業 農業	㋑	
収入金額等	不動産（区分2：4）	㋒	5000000
収入金額等	配当	㋓	
収入金額等	給与	㋔	6500000
収入金額等	雑 公的年金等	㋕	
収入金額等	雑 業務	㋖	
収入金額等	雑 その他	㋗	
収入金額等	総合譲渡 短期	㋘	
収入金額等	総合譲渡 長期	㋙	
収入金額等	一時	㋚	
所得金額等	事業 営業等	①	
所得金額等	事業 農業	②	
所得金額等	不動産	③	1072400
所得金額等	利子	④	
所得金額等	配当	⑤	
所得金額等	給与	⑥	4760000
所得金額等	雑 公的年金等	⑦	
所得金額等	雑 業務	⑧	
所得金額等	雑 その他	⑨	
所得金額等	⑦から⑨までの計	⑩	
所得金額等	総合譲渡・一時 ㋘＋{（㋙＋㋚）×½}	⑪	
所得金額等	合計（①から⑥までの計＋⑩＋⑪）	⑫	5832400
所得から差し引かれる金額	社会保険料控除	⑬	302300
所得から差し引かれる金額	小規模企業共済等掛金控除	⑭	
所得から差し引かれる金額	生命保険料控除	⑮	72500
所得から差し引かれる金額	地震保険料控除	⑯	3000
所得から差し引かれる金額	寡婦、ひとり親控除	⑰〜⑱	0000
所得から差し引かれる金額	勤労学生、障害者控除	⑲〜⑳	0000
所得から差し引かれる金額	配偶者（特別）控除	㉑〜㉒	0000
所得から差し引かれる金額	扶養控除	㉓	630000
所得から差し引かれる金額	基礎控除	㉔	480000
所得から差し引かれる金額	⑬から㉔までの計	㉕	1487800
所得から差し引かれる金額	雑損控除	㉖	
所得から差し引かれる金額	医療費控除	㉗	
所得から差し引かれる金額	寄附金控除	㉘	
所得から差し引かれる金額	合計（㉕＋㉖＋㉗＋㉘）	㉙	1487800

税金の計算	課税される所得金額（⑫−㉙）又は第三表	㉚	4344000
税金の計算	上の㉚に対する税額又は第三表の㊈	㉛	441300
税金の計算	配当控除	㉜	
税金の計算		㉝	
税金の計算	（特定増改築等）住宅借入金等特別控除	㉞	00
税金の計算	政党等寄附金等特別控除	㉟〜㊲	
税金の計算	住宅耐震改修特別控除等	㊳〜㊵	
税金の計算	差引所得税額	㊶	441300
税金の計算	災害減免額	㊷	
税金の計算	再差引所得税額（基準所得税額）（㊶−㊷）	㊸	441300
税金の計算	復興特別所得税額（㊸×2.1%）	㊹	9267
税金の計算	所得税及び復興特別所得税の額（㊸＋㊹）	㊺	450567
税金の計算	外国税額控除等	㊻〜㊼	
税金の計算	源泉徴収税額	㊽	230100
税金の計算	申告納税額（㊺−㊻−㊼−㊽）	㊾	220400
税金の計算	予定納税額（第1期分・第2期分）	㊿	
税金の計算	第3期分の税額 納める税金	51	220400
税金の計算	第3期分の税額 還付される税金	52	△
修正申告	修正前の第3期分の税額（還付の場合は頭に△を記載）	53	
修正申告	第3期分の税額の増加額	54	00
その他	公的年金等以外の合計所得金額	55	
その他	配偶者の合計所得金額	56	
その他	専従者給与（控除）額の合計額	57	270000
その他	青色申告特別控除額	58	650000
その他	雑所得・一時所得等の源泉徴収税額の合計額	59	
その他	未納付の源泉徴収税額	60	
その他	本年分で差し引く繰越損失額	61	
その他	平均課税対象金額	62	
その他	変動・臨時所得金額	63	
延納の届出	申告期限までに納付する金額	64	00
延納の届出	延納届出額	65	000

㊹・㊺・㊾・51又は52の記入をお忘れなく。

還付される税金の受取場所：銀行 金庫・組合 農協・漁協／本店・支店 出張所 本所・支所／郵便局名等／預金種類 普通 当座 納税準備 貯蓄／口座番号 記号番号

公金受取口座登録の同意　公金受取口座の利用

整理欄

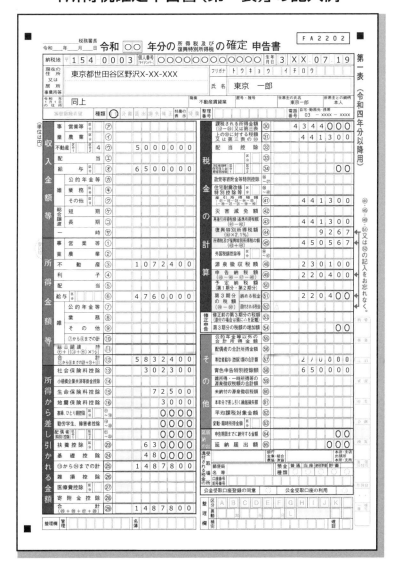

「所得税確定申告書（第二表）」の記入例

令和 ○○ 年分の所得税及び復興特別所得税の確定申告書

整理番号

FA2302

住所 屋号	東京都世田谷区野沢X-XX-XXX
氏《フリ》名《ガナ》	東京《トウキョウ》　一郎《イチロウ》

	保険料等の種類	支払保険料等の計	うち年末調整等以外
⑬⑭社会保険料控除 小規模企業共済等掛金控除	源泉徴収分(社保)	302,300円	円
⑮生命保険料控除	新生命保険料	130,000円	円
	旧生命保険料		
	新個人年金保険料	50,000	
	旧個人年金保険料		
	介護医療保険料		
⑯地震保険料控除	地震保険料	3,000円	円
	旧長期損害保険料		

本人に関する事項（⑰～⑳）	寡婦	ひとり親	勤労学生	障害者	特別障害者
	□ 死別　□ 生死不明　□ 離婚　□ 未帰還		□ 年調以外かつ専修学校等		

○ 所得の内訳（所得税及び復興特別所得税の源泉徴収税額）

所得の種類	種目	給与などの支払者の「名称」及び「法人番号又は所在地」等	収入金額	源泉徴収税額
給与	給与・賞与	新宿銀行	6,500,000円	230,100円
			㊽ 源泉徴収税額の合計額	230,100円

○ 雑損控除に関する事項（㉖）

損害の原因	損害年月日	損害を受けた資産の種類など
	. .	

損害金額	円	保険金などで補塡される金額	円	差引損失額のうち災害関連支出の金額	円

○ 総合課税の譲渡所得、一時所得に関する事項（⑪）

所得の種類	収入金額	必要経費等	差引金額
	円	円	円

○ 寄附金控除に関する事項（㉘）

寄附先の名称等		寄附金	円

特例適用条文等

○ 配偶者や親族に関する事項（⑳～㉓）

氏名	個人番号	続柄	生年月日	障害者	国外居住	住民税	その他
		配偶者	明・大・昭・平 . .				
東京　一也		子	明・大・昭・(平)・令 XX.3.25				
			明・大・昭・平・令 . .				
			明・大・昭・平・令 . .				
			明・大・昭・平・令 . .				

○ 事業専従者に関する事項（57）

事業専従者の氏名	個人番号	続柄	生年月日	従事月数・程度・仕事の内容	専従者給与（控除）額
東京　一子		妻	明・大・(昭)・平 XX.6.2	3ヶ月	270,000円
			明・大・昭・平 . .		

○ 住民税・事業税に関する事項

住民税	非上場株式の少額配当等	非居住者の特例	配当割額控除額	株式等譲渡所得割額控除額	特定配当等・特定株式等譲渡所得の全部の申告不要	給与、公的年金等以外の所得に係る住民税の徴収方法 特別徴収	自分で納付	都道府県、市区町村への寄附（特例控除対象）	共同募金、日赤その他の寄附	都道府県条例指定寄附	市区町村条例指定寄附
	円	円	円	円			○	円	円	円	円

退職所得のある配偶者・親族の氏名	個人番号	続柄	生年月日	退職所得を除く所得金額	障害者	その他	寡婦・ひとり親
			明・大・昭・平 . .	円			

事業税						
非課税所得など	番号	所得金額 円	損益通算の特例適用前の不動産所得	円	前年中の開（廃）業	開始・廃止 月日
不動産所得から差し引いた青色申告特別控除額	650,000		事業用資産の譲渡損失など		他都道府県の事務所等	

上記の配偶者・親族・事業専従者のうち別居の者の氏名・住所	氏名		住所		所得税で控除対象配偶者などとした専従者	氏名		給与	円	一連番号	

整理欄	申告区分		申告等年月日	年 月 日	所得種類	
	特例適用条文	法 条の 項 号			申告期限	年 月 日

税理士法書面提出 30条 33条の2

税理士署名・電話番号

（　－　－　）

第二表（令和四年分以降用）○第二表は、第一表と一緒に提出してください。○国民年金保険料や生命保険料の支払証明書など申告書に添付しなければならない書類は添付書類台紙などに貼ってください。

るためには、その寄付をした団体等から交付を受ける寄付金の受領書等の書類を添付しなければなりません。

＊青色事業専従者として給与の支払を受ける配偶者・親族、白色事業専従者である親族は、配偶者控除、配偶者特別控除、扶養控除の対象にはなりません。

▼完成したら申告書を提出します

申告書ができあがったら、これを税務署に提出する作業があります。「所得税の確定申告書」に、「青色申告決算書」「所得控除や特例を受けるための添付資料」をつけて提出します。請求書、領収書や帳簿は税務署に提出する必要はありません。提出は2月16日から3月15日の期間に、直接税務署に持参する、あるいは郵送にて提出します。提出にあたってのポイントをまとめましたので確認してみてください。

なお、かつては申告書を郵送するときは自分の控え用を確保するために2部提出していましたが、令和7年からは税務署は収受印を押さない方針になりました。作成の手間のことも考えると、今後はｅ－Ｔａｘを用いて電子申告をするのが最も無難かつ主流になるでしょう。

▼確定申告書の提出期間

①所得税は、2月16日から3月15日です。

②消費税は、3月31日です（課税期間の特例の適用を受けている人はその適用期間の定める日）。

③還付申告の場合は、1月から受け付けてくれます。
④提出期限は、土曜日、日曜日などによって、変わることがあります。3月15日が土曜日ならば17日、月曜日が提出期限となります。
⑤贈与税は、2月1日から3月15日です。

▼申告書提出時に注意したいことがあります

①提出用・控え用含めすべての記載はボールペンで記入し、書き換えができないようにします。ボールペンでなければ、受け取ってくれなかったり、受領印を押さない場合がありますので注意してください。なお令和元年分以降の申告書については「源泉徴収票」の提出は不要になりました。
②確定申告書と原本を一緒に提出する「源泉徴収票」「保険控除証明書」等は、コピーを取って保存しておきましょう。

▼郵送する場合には

①確定申告書はきっちり完成させましょう
確定申告書は、基本的に提出したものが機械的に受理処理されます。間違いにより納税が遅れた場合、延滞税等の罰金が課せられる場合がありますので慎重に点検してください。
②書留（簡易書留で可）で郵送しましょう
書留の控えは確かに提出したという証拠です。紛失等の事故があったときの証明になります。

▼持参する場合には

①直接税務署に行き受付窓口で提出できます（受付時間午前8時30分～午後5時。一部異なる地域があります）。

②午後5時を過ぎてしまった場合などは、税務署の玄関横にある時間外文書収受箱へ返信用切手を貼った返信用封筒を同封（控えに受付印を押して返送してもらえます）して投函することで提出できます。

③電子申告の登録をするとインターネットで申告することもできます。

▼自分用の申告書控えは

金融機関の融資を受ける場合等、過去の申告書の提出を求められる場面が時折あります。この時に必要なのは税務署が間違いなく受領したことが証明されているものでなくてはなりません。かつては、税務署は持参または郵送された申告書に収受印を押印していましたが、令和7年からは収受印を押さない方針になりました。したがって、申告書控えを入手するには次の方法によらなければなりません。

①持参または郵送の場合は、当面の間は、納税者が希望すれば収受日を記載したリーフレットを配布することとなっています。ただし、恒久的な措置ではないようです。

②電子申告をすると税務署が確かに受け付けたことを証する受付通知をいつでも入手することができます。利便性を考えればこちらが圧倒的に有利です。

6 確定申告で困ったらここに相談してみてください

ここまで決算から確定申告までの流れを解説しましたが、実際に取り組んでみるとどうしても疑問を感じる箇所が出てくるかもしれません。そのようなときは、次の場所などを利用してみましょう。あなたの疑問を解決してくれるかもしれません。

▼国税庁のホームページ・タックスアンサーを利用してみましょう

インターネットを使って国税庁のホームページ（http://www.nta.go.jp/）へ行ってみましょう。税務署が配布する申告書作成の手引き、税務署に提出する申請書、届出書のフォームをダウンロードして使用することができます。

また、「確定申告書作成コーナー」では、給与所得者が住宅ローン控除や医療費控除を利用して還付申告を行う場合や、不動産所得、年金所得や退職所得がある人が確定申告書を実際に自分で作成することができます。

そして、作成した確定申告書をカラープリンター等でプリントアウトし、添付書類をあわせてセットすれば実際に税務署に提出することができます。非常にわかりやすく説明しているため、初めて申告する人にも使い勝手がいいはずです。

さらに、「タックスアンサー」(http://www.nta.go.jp/taxes/shiraberu/taxanswer/index2.htm) では、各税目の基礎的な知識がわかりやすく解説されています。キーワードで検索できるようになっているので、身近な疑問が簡単に解決できるかもしれません。

▼税務署の無料相談コーナーで聞いてみましょう

税務署の中には専任の税務相談員を置いて相談を受け付けているところがあります。各国税局でも税務相談室を設けていますし、国税局は電話による相談も受け付けていますので利用してみましょう。また確定申告の時期には、各税務署で特設の相談コーナーが設けられていて申告の指導が受けられます。ただし、あくまでも相談であって、領収書の束や契約書を持参して書き方を聞くことはできませんので注意してください。

▼税理士会が主催する無料相談会に行ってみましょう

地区によって異なりますが、区役所・市役所や青色申告会などで税理士会主催の無料相談会が開催されています。ここだと税理士が無料で相談に乗ってくれます。ただし、この無料相談会を利用できる人は「所得金額が３００万円以下の小規模事業者」に限ります。

▼税理士に依頼することもできます

忙しくて時間がない人や、確定申告を煩雑だと感じる人は、税金の専門家である税理士に依頼するのもよいでしょう。税理士は国家試験に合格した税金のプロフェッショナルです。納税者の立場で相談や確定申告の手続を行ってくれます。税理士報酬は事業規模や業種によってある程度の相場があります。

ただし、報酬はその相場をもとにして、税理士の作業量や税理士に求めるサービスや依頼者の記帳能力によって高くなったり安くなったりします。例えば、自分で請求書、領収書の整理をし、会計ソフトに入力までを行い、入力データのチェックと申告書の作成を依頼するのであれば、報酬は安くなりますし、逆に請求書・領収書の整理などすべてのことを依頼すれば、当然高くなります。

最初に内容を見せて報酬の話を気軽に尋ねてみてください。税理士の性格や雰囲気を見るためにも、直接会うようにしてみましょう。

7 申告が終わったら、所得税の納税をします

確定申告書の提出を行ったら、同時に所得税の納付をしなければなりません。納付の方法は次のとおりです。

▼現金納付か金融機関の口座振替を使います

所得税は、確定申告の期限（3月15日）までに申告書に同封されている納付書に金額を記入して現金で納付します。税務署に金融機関の出張所が設けられている場合にはその出張所で、もしくは近くの金融機関でも納税できます。

一方、現金納付の代わりに金融機関の口座から自動引き落としで納税する「振替納税」を選択することもできます。振替納税であれば口座から自動で引き落とされるだけでなく、納付期限も3月15日から4月中旬まで延長されるというメリットもあります。この他にe-Taxによる電子納税を利用して納付することもできます。

▼所得税を延納することもできます

3月15日までに納める税金の2分の1以上の金額を現金や口座振替で納付すれば、残りの税額を5月31日まで延納することができます。

ただし、延納した税額には年0・8%＋日銀の基準貸付利率相当の利息がかかります。延納をする場合は、確定申告書第一表に記入することになりますが、その方法は236ページ（8）を参照してください。

▼所得税の予定納税を行う必要があります

所得税では、その年の確定申告書に記載された㊾「申告納税額」が15万円以上である場合には、翌年の7月末と11月末の年2回、申告納税額の3分の1を前払いで納付しなければなりません。この前払いのことを予定納税と言います。税務署から7月と11月に税額の通知がありますので、税務署からくる書類についてもよく目を通すようにしてください。

そして、翌年の確定申告では、1年間の所得税額である㊾「申告納税額」からこの予定納税で前払いした税額を差し引いた金額を納付することになります。

納税を済ませたら、決算、確定申告は終了です。お疲れ様でした。

8 e-Taxを活用して効率的に確定申告をしましょう

▼e-Taxを活用すれば簡単に申告書が作れます

手書きで確定申告書を作成するのはとても大変な作業です。税理士のように普段から申告書を見慣れている専門家であればともかく、初めて白紙の申告書を見た人はどこから何を書き始めなければならないのか途方に暮れてしまうのではないでしょうか。頑張って作成の手引きを片手に記入してもどこかに記入漏れがあったりうっかり計算ミスが出たり……。しかも、申告書はペン書きなので間違えたら二重線で訂正かまたは一から書き直しです。このような作業に時間を費やすのは経営の観点から見ると極めて非効率です。

この非効率を解決する手段がe-Taxです。e-Taxとは国税庁が運営する国税に関するオンラインサービスのことです。ここでは有料の申告書作成ソフトを使わずとも申告書を作成することができ、さらにマイナンバーカードとカードリーダーまたはマイナポータルアプリに対応しているスマホがあれば紙を1枚も印刷することなくデータ上で申告が終わります。

▼e-Taxを使うための準備をしましょう

e-Taxを使うには事前準備として「利用者識別番号」を取得しなければなりません。取得方法はいくつかありますが、一般的には次の方法で取得します。

- e-Taxのサイトに行き「e-Taxの開始（変更等）届出書作成・提出コーナー」で必要情報を入力して取得する
- 直接税務署に行き対面による本人確認の上でID・パスワードを発行してもらう
- 書面で「電子申告・納税等開始（変更等）の届出」を作成し税務署に持参または郵送する

今すぐ利用者識別番号を取得したいのならe-Taxサイトから取得するのが一番早いです。

▼e-Taxを使って申告書を作成してみましょう

利用の準備が整ったら次は「国税庁 確定申告書等作成コーナー」で申告書を作成してみましょう。ここからは作成したものを紙で印刷して郵送提出するパターンを前提に解説します。

①提出方法の選択

確定申告書等作成コーナーで「作成開始」を選ぶと最初に提出方法が表示されます。選択すると使用するのに必要な動作環境と利用規約が表示されるので確認・同意して次に行きます。

②作成する申告書と年分の選択

「いつ」の「どの税目」の申告書を作るか選びます。税目は「所」「決・所」「消」「贈」の4種類があります。アパート・マンション経営で作成するのは所得税と決算書（収支内訳書）なので「決・所」を選びます。必要ならば「消」で消費税の申告書も作成します。

③作成する決算書・収支内訳書の選択

「青色申告決算書」「収支内訳書」「青色申告決算書（現金主義用）」の中から自分に当てはまるものを選びます。青色申告の承認を受けていて複式簿記を導入しているなら「青色申告決算書」、複式簿記を導入していないなら「青色申告決算書（現金主義用）」、青色申告の承認を受けていないなら「収支内訳書」です。

④青色申告決算書の種類選択

不動産以外にも事業に係る収入がある場合は該当するものを選択します。

⑤決算書（不動産所得用）の入力

収入金額・経費・専従者給与の金額を所定の箇所に入力します。

⑥青色申告特別控除の入力

青色申告特別控除の金額を決定します。

- 65万円……55万円控除の要件を満たし、かつ、電帳法の規定に基づいて帳簿類を保存している又は申告書をｅ-Ｔａｘで電子送信する場合

・55万円……事業的規模で不動産賃貸業を営み複式簿記に基づく貸借対照表と損益計算書を作成し期限内に申告する場合
・10万円……65万円及び55万円の両方に該当しない場合

⑦貸借対照表（不動産所得用）の入力

貸借対照表の各科目の金額を所定の箇所に入力します。

⑧住所・氏名等の入力

住所や氏名、所轄税務署などの情報を所定の箇所に入力します。

⑨決算書・収支内訳書の印刷

ここまでで青色申告決算書ができましたので、紙で郵送する場合は忘れずに印刷します。

⑩印刷した後の作業について

この段階で入力したデータを保存することができます。保存しておけば来年また作成するときにデータを利用することができます。保存したら次は「所得税の申告書作成はこちら」を選択します。

⑪申告書の作成をはじめる前に

最初に生年月日などいくつかの質問事項が表示されますので、回答して次へ行きます。

⑫収入金額・所得金額の入力

この時点で先ほど作成した不動産所得の情報が申告書に既に入力されています。給与や年金を受け取っているときは該当する所得を「入力する」から入力していきましょう。

⑬所得控除の入力

収入金額の入力が終わったら次は所得控除です。生命保険料、ふるさと納税、医療費など自分に該当する所得控除を入力していきましょう。

⑭税額控除・その他の項目の入力

この欄は他と比べて専門的で難しい箇所になりますが、「(特定増改築等) 住宅借入金等特別控除」(いわゆる住宅ローン控除) 以外はほとんど目にすることないと思います。また「専従者給与の合計額」と「青色申告特別控除」は既に自動で記入されているはずです。

⑮計算結果確認

ここで所得税の計算結果が表示されます。入力し忘れた箇所がないかもう一度確認しましょう。

⑯住民税等入力

ここでは住民税や事業税に関する事項を入力します。やや専門的な内容もありますが、だいたいの方は「給与・公的年金等に係る所得以外の所得がある方の住民税の徴収方法の選択」「16歳未満の扶養親族がいる方の入力項目」程度の入力で済みます。

⑰住所・氏名等入力

ここでもう一度納税額の計算結果が表示されます。さらに「振替納税」「クレジットカード納付」などの納付の手段についての案内があります。

⑱マイナンバーの入力

最後に自身と扶養親族のマイナンバーの入力をします。

⑲申告書等の送信・印刷

ここまでくればもうあと一息です。ここでは印刷する書類の選択や印刷時の注意点が表示されます。

⑳申告書を印刷した後の作業について

このページでは申告に関する各種情報（提出期限など）が表示されています。注意書きをよく読み、印刷された申告書を所轄税務署へ郵送して、計算された所得税額を納付すれば確定申告は完了です。

第9章

アパート・マンション経営は続きます 新しい年度に向けて準備をしましょう

確定申告が終わっても、アパート・マンション経営は続きます。新しい年はすでに始まっています。帳簿の更新や、よりよい経営を行うための経営分析など、次年度のために行うべきことをまとめました。

1 残高の繰越を行ってください

▼最終残高を繰り越して新しく記帳を始めましょう

所得税の確定申告書の作成は、3月15日までに終わります。しかし、すでに1月1日からは次年度の商売が始まっているため、決算書の作成前に新たな取引が発生します。

したがって、1月1日から発生した取引を新たに帳簿に記入していかなければなりません。その際には、帳簿の年末の残高に決算整理の項目を加えた最終の残高を繰り越して利用することになります。

そして、帳簿の繰り越した金額の摘要欄には「前年より繰越」と記載します。繰越が完了すれば、今までと同じように帳簿の記帳を行っていくことになります。

この繰越をするのは現金・預金・売掛金・買掛金・受取手形・支払手形・貸付金・借入金・固定資産・元入金等の貸借対照表に出てくる科目となり、損益計算書に出てくる科目についてはこの繰越は行いません。

2 請求書、領収書を新しくしてください

▼年度ごとに分けて正確な管理を行いましょう

請求書や領収書等は、未使用のページが残っても、新しい年になった時点で新規の冊子を使用しましょう。なぜならば、請求書や領収書等の発行番号を連番で管理している場合には、新年になった時点でその数字をリセットすることで、番号とその年の帳簿との対応がしっかりとれるからです。請求書や領収書等を連番で管理することは、記帳漏れや二重計上等の帳簿への転記ミスを探すときや後日帳簿と請求書や領収書等をつき合わせるときに役立ちます。

また、新規の冊子を使用すると、保存の際、請求書や領収書が年度ごとに分かれていて管理しやすいのです。

この場合、その年に途中まで使った請求書や領収書等の未使用部分を以後使用できないようにしなければなりません。そのためには「ボイド」や「無効」という判を押印するか、または請求書や領収書等の一部を切りとって、未使用部分を以後使用できないようにしてください。

3 決算書、確定申告書の控え、帳簿、証拠書類を保存します

▼決算書、確定申告書の控えは経営分析の材料にできます

税務署に提出した確定申告書・決算書の控えは大切に保存しておきましょう。

税務署に提出した確定申告書・決算書の控えは、確かに申告しましたという証拠になるほか、金融機関からお金を借りるときに提出したり、決算書を毎期比較することで当期の業績はどうだったかという経営分析にも使用することができます。特に決算書から当期の業績を把握して、今後の事業活動の参考にする経営分析は非常に重要な作業です（265ページ参照）。

▼帳簿・関連書類はさまざまな証拠になります、大切に保存してください

請求書や領収書・帳簿等の事業に関連した書類は1年間活動した実績の証でもあり、取引の証拠書類でもあります。後に請求漏れや二重請求を検証したり、相手方からの二重請求を防止するためや、経営実績を数年間比較して経営資料を作成したりするためにも整理して保存しな

ければなりません。

また事業を行うことにより決算と税金の申告・納税をすることになりますが、この申告につき税務署の調査が行われることがあります。この説明資料として大事な証拠書類になります。

▼必ず7年間は保存してください

税法上では、帳簿・証拠書類の保存期間は原則として7年間（※）となっています。事業を始めて何年かすると帳簿や証拠書類もかなりの量になってきます。この書類ですが、7年間は保存してください。保存するコツは、1年間の帳簿・証拠書類・決算書・申告書等を確定申告が終わった後にまとめて1つの箱に入れておき、箱の外に保存期間を記入します。そして、保存期間が終了した段階で、シュレッダーなどで破棄しましょう。

▼税務調査が行われることがあります

事業者は1年間の事業の実績で決算を行い、確定申告をします。所得税は本来納税者が自ら自分の所得を正しく計算して確定申告書を提出する申告納税制度を前提に成り立っています。したがって、確定申告の都度税務署に請求書・領収書や帳簿を提出したりしません。

そのため、その確定申告が正しく行われているかを検証するため、税務署員による税務調査

書類の保存期間

帳簿書類の種類		保存期間
帳簿	仕訳帳・総勘定元帳・現金出納帳・固定資産台帳・売掛帳・買掛帳・経費帳等	7年
決算関連書類	貸借対照表・損益計算書・棚卸表等	7年
現金預金の取引等に関する書類	領収書・預金通帳・借用書・小切手控・手形控・振込通知書	7年（※263ページ参照）
その他の書類	契約書・見積書・請求書・注文書・納品書・送り状・仕訳伝票等	5年

が行われることがあります。税務調査の目的は脱税など不正の摘発だけでなく、決算や確定申告のミスを正したり、計算の仕方を指導したりするためにも行われます。税務調査は確定申告直後ではなく数ヵ月後、場合によっては数年後に行われることもあります。

この税務調査時に自分の計算の根拠を説明するためにも帳簿類の保存は重要です。人間の記憶は時を経過することにより薄れていきます。記録を残すことによりそれを補うことになるでしょう。

なお税理士さんに依頼している人は、速やかに税理士さんに税務調査が行われることを連絡し、税理士さん立ち会いのもとで税務調査を受けましょう。

4 よりよいアパート・マンション経営のために経営分析を行いましょう

アパート・マンション経営は事業経営です。事業としての判断材料を持たなければなりません。経営分析と言える程度でなくても、簡単な経営の比較ぐらいはしておきましょう。

▼収入を比較してみましょう

まずは、前年の賃料収入と今年の賃料収入の比較はしておきましょう。不動産賃貸収入ですので大きな変化は見られないと思いますが、前年対比で増加していることが望ましいでしょう。

▼経費を比較してみましょう

前年の経費と今年の経費の比較を勘定科目ごとにしておきましょう。

毎年の経費の項目を比較することで、今年はどの経費が多くかかったのかを把握し、その原因を探ってください。例えば修繕費の増加などは今後の大規模修繕や建替え計画の目安となります。前年対比で減少していることが望ましいでしょう。

▼実質利回りを出してみましょう

利回りとは、「投資額に対してどれだけの収益が上がるか」ということになります。

一般的には、表面利回り（グロス）と実質利回り（ネット）の2種類があります。

表面利回りとは、例えば、アパートを1億円で建てて1000万円の家賃収入があれば表面利回りは10％ということになります。この表面利回りは収益力を大まかに捉えるためには有効な指標と言えますが、正確な収益力を判断する上では少し正確性に欠けます。

実質利回りとは、家賃収入から固定資産税・管理費用・修繕費などの直接かかる費用を控除した実質利益を投資額で割ったものです。例えば、アパートを1億円で建てて、家賃収入が1000万円、固定資産税等の直接経費が200万円とした場合には、年間収支は800万円となり、実質利回りは8％となるわけです。

この実質利回りを基礎として、不動産賃貸全体での利回り、物件ごとの利回りを出し、不良資産の経費削減や売却、新たな投資の参考にしてください。

巻末資料

所得税税率表

課税される所得金額	税率	控除額
195万円以下	5%	ー
330万円以下	10%	9.75万円
695万円以下	20%	42.75万円
900万円以下	23%	63.6万円
1,800万円以下	33%	153.6万円
4,000万円以下	40%	279.6万円
4,000万円超	45%	479.6万円

住民税税率表

課税される所得金額	税率
一律	10%

事業税税率表

※標準税率の場合　個人事業税は、事業の種類に応じて課税されます。

事業の種類	税率
第１種事業　商工業等の営業に属するもの　主に不動産貸付業、不動産売買業など	所得の５／100
第２種事業　畜産業、水産業、薪炭製造業の第１次産業いわゆる原始産業に属するもの	所得の４／100
第３種事業　医業等の自由業に属するもの（下記に掲げるものを除く）	所得の５／100
第３種事業のうち助産師業、あん摩、指圧その他の医業に類する事業及び装蹄師業	所得の３／100

巻末資料②

法人所得に対する税負担

2019年10月1日以降開始事業年度

課税所得金額の区分	400万円以下	400万円超800万円以下	800万円超
法人税	15.00%	15.00%	23.20%
地方法人税	1.55%	1.55%	2.39%
法人住民税	1.05%	1.05%	1.62%
事業税	3.50%	5.30%	7.00%
総合税率	21.20%	22.90%	34.21%
実行税率	20.38%	21.74%	31.98%

相続税

法定相続分に応ずる所得金額	税率	控除額
1,000万円以下	10%	—
3,000万円以下	15%	50万円
5,000万円以下	20%	200万円
1億円以下	30%	700万円
2億円以下	40%	1,700万円
3億円以下	45%	2,700万円
6億円以下	50%	4,200万円
6億円超	55%	7,200万円

贈与税

18歳以上の子・孫が受贈した場合

区分	200万円以下	400万円以下	600万円以下	1,000万円以下	1,500万円以下	3,000万円以下	4,500万円以下	4,500万円超
税率	10%	15%	20%	30%	40%	45%	50%	55%
控除額	—	10万円	30万円	90万円	190万円	265万円	415万円	640万円

18歳以上の子・孫以外の者が受贈した場合

区分	200万円以下	300万円以下	400万円以下	600万円以下	1,000万円以下	1,500万円以下	3,000万円以下	3,000万円超
税率	10%	15%	20%	30%	40%	45%	50%	55%
控除額	—	10万円	25万円	65万円	125万円	175万円	250万円	400万円

賃貸事業開始後の納税がわかる税務カレンダー

	提出期限	届出書類・納税等	関係省庁
開業	開業から15日以内（東京都の場合）	個人事業税の事業開始等申告書	都道府県税事務所
	開業の日から1カ月以内	個人事業の開廃業届出書	税務署
	開業の日から2カ月以内（開業の日が1月1日から1月15日の間の場合は3月15日まで）	所得税の青色申告承認申請書	税務署
		青色事業専従者給与に関する届出	税務署
	開設した日または雇用から1カ月以内	給与支払事務所等の開設届出書	税務署
	給与の支払を始めた日以降随時	源泉所得税の納期の特例の承認に関する申請書	税務署
	開業まで	許認可届（許認可が必要な事業の場合）	保健所・警察署・運輸局等 各種官公庁
	必要に応じ	消費税課税事業者選択届出書	税務署
		消費税課税期間特例選択・変更届出書	税務署
		消費税簡易課税制度選択届出書	税務署
		消費税課税売上割合に準ずる割合の適用承認申請書	税務署

1月	末	固定資産税（償却資産分）の申告	市区町村
		税務署へ提出する法定調書（源泉徴収票・合計表等）	税務署
		市区町村へ住民税のために提出する給与支払報告書	市区町村
		個人住民税（第4期分）の納付	市区町村
2月	末	固定資産税（第4期分）の納付	市区町村
3月	15日	所得税の確定申告及び納付	税務署
		贈与税の確定申告及び納付	税務署
		個人住民税の申告（所定の確定申告をした方は不要です）	市区町村
4月	中旬	振替納税を選択した方は所得税の自動引き落としがあります	税務署
	末	固定資産税（第1期分）の納付	市区町村
5月	末	自動車税の納付・軽自動車税の納付	都道府県税事務所
6月	末	個人住民税（第1期分）の納付	市区町村

月	時期	内容	提出先・納付先
7月	10日	納期の特例を受けている場合の源泉所得税（1～6月分）	税務署
7月	末	所得税の予定納税（第1期分）の納付	税務署
7月	末	固定資産税（第2期分）の納付	市区町村
8月	末	個人事業税（第1期分）の納付	都道府県税事務所
8月	末	個人住民税（第2期分）の納付	市区町村
10月	末	個人住民税（第3期分）の納付	市区町村
11月	末	所得税の予定納税（第2期分）の納付	市区町村
11月	末	個人事業税（第2期分）の納付	都道府県税事務所
12月	下旬	給与所得者の年末調整	税務署
12月	末	固定資産税（第3期分）の納付	市区町村
12月	末	消費税課税事業者選択届出書	税務署
12月	末	消費税課税期間特例選択・変更届出書	税務署
12月	末	消費税簡易課税制度選択届出書	税務署
12月	末	消費税課税売上割合に準ずる割合の適用承認申請書	税務署

1月	20日	納期の特例を受けている場合の源泉所得税（7～12月分）の納付	税務署
	末	個人事業税（第3期分）の納付	市区町村
		固定資産税（償却資産分）の申告	
		税務署へ提出する法定調書（源泉徴収票・合計票等）	税務署
2月	末	固定資産税（第4期分）の納付	市区町村
3月	15日	所得税の確定申告及び納付	税務署
		たな卸資産の評価方法・減価償却資産の償却方法の届出書（前年に開業した方）	税務署
		贈与税の確定申告及び納付	税務署
		個人住民税の申告（所得税の確定申告をした方は不要です）	市区町村
	末	消費税の確定申告及び納付	税務署

月	時期	内容	窓口
4月	中旬	振替納税を選択した方は所得税の自動引き落としがあります	税務署
	末	振替納税を選択した方は消費税の自動引き落としがあります	税務署
	末	固定資産税（第1期分）の納付	
5月	末	自動車税の納付・軽自動車税の納付	都道府県税事務所
6月	末	個人住民税（第1期分）の納付	市区町村
7月	10日	納期の特例を受けている場合の源泉所得税（1～6月分）	税務署
	末	所得税の予定納税（第1期分）の納付	
		固定資産税（第2期分）の納付	市区町村
8月	末	個人事業税（第1期分）の納付	都道府県税事務所
		個人住民税（第2期分）の納付	市区町村
10月	末	個人住民税（第3期分）の納付	市区町村
11月	末	所得税の予定納税（第2期分）の納付	税務署
		個人事業税（第2期分）の納付	都道府県税事務所

12月	下旬	給与所得者の年末調整	税務署
		固定資産税（第3期分）の納付	市区町村
		消費税課税事業者選択届出書	税務署
		消費税課税期間特例選択・変更届出書	税務署
		消費税簡易課税制度選択届出書	税務署
		消費税課税売上割合に準ずる割合の適用承認申請書	税務署

※1　個人事業税、個人住民税、固定資産税、自動車税、軽自動車税については、各地方自治体により異なることがありますので注意してください。

※2　消費税の中間申告については、前年の確定消費税額に応じ年1回（8月末）、年3回（5月末、8月末、11月末）、年9回（5月から1月までの毎月末日、ただし5月末は3カ月分の税額になります）の3パターンがあります。

※3　源泉所得税の納期の特例を受けていない場合には、給与支払日の翌月10日までに源泉所得税を毎月納める必要があります。

※4　固定資産税の納期は東京都などは第1期が6月、第2期が9月、第3期が12月、第4期が2月というように自治体により多少異なります。

執筆者紹介

東京シティ税理士事務所

税理士法人。1981年山端康幸税理士事務所として個人事業スタート。2002年税理士法人東京シティ税理士事務所と組織変更。“中小企業の税務会計”と“不動産・相続の税務”の2つの得意分野を持ち、所属税理士はすべて相続税・不動産税務のプロフェッショナルと自負している。

所属税理士

山端康幸	村岡清樹
山端慶太	辛島正史
國田淳夫	七条遼人
欠下茂代	渡辺こずえ
新町聡子	丸山恵美
米山悟子	小林由美
川内美香	蔦　浩一
須佐美花	三木靖子
井上喜子	風巻朋子
田續英樹	牛田孝文
藤本知子	松永志保子

連絡先

〒163-0437
東京都新宿区西新宿2-1-1　新宿三井ビル33階
TEL：03（3344）3301
FAX：03（3344）9053
E-mail：voice@tokyocity.co.jp
東京シティ税理士事務所HP：http://tokyocity.co.jp/
相続税相談所（相続税専門サイト）：
http://tokyocity.jp/
遺言・相続相談所（遺言・相続専門サイト）：
http://www.tokyocity.or.jp/

編者紹介

山端康幸（やまはた・やすゆき）

税理士法人東京シティ税理士事務所 代表税理士

土地活用や相続税対策に関する不動産税務を専門とする。不動産税務専門税理士として40年の経験を有する。クライアントもアパート・マンション経営者が多く長期的な資産活用の税務コンサルタントを業務とする。

明治大学リバティアカデミー講師・全国宅地建物取引業協会講師・不動産コンサルティング協議会講師・賃貸不動産経営管理士協議会講師などを歴任、その他新聞社など主催のセミナーを数多く行う。

著書に『《改訂新版》アパート・マンション経営は株式会社ではじめなさい』『〈新版〉相続の手続きと節税がぜんぶわかる本』（すべて、あさ出版）など多数。

《改訂新版《かいていしんばん》》

個人事業《こじんじぎょう》ではじめる

アパート・マンション経営《けいえい》がぜんぶわかる本《ほん》　〈検印省略〉

2023年　4　月　28　日　第　1　刷発行
2024年　12　月　13　日　第　2　刷発行

編　　者――山端　康幸（やまはた・やすゆき）
著　　者――東京シティ税理士事務所
発 行 者――田賀井　弘毅

発行所――株式会社あさ出版

〒171-0022　東京都豊島区南池袋 2-9-9 第一池袋ホワイトビル 6F
電　話　03（3983）3225（販売）
　　　　03（3983）3227（編集）
F A X　03（3983）3226
U R L　http://www.asa21.com/
E-mail　info@asa21.com
印刷・製本　美研プリンティング（株）

note　http://note.com/asapublishing/
facebook　http://www.facebook.com/asapublishing
X　http://twitter.com/asapublishing

ISBN978-4-86667-505-3 C2034